建筑院士访谈录

程泰宁

中国工程院院士，中国建筑设计大师，东南大学建筑设计与理论研究中心主任，中国联合工程公司总建筑师，中联筑境建筑设计有限公司主持人。

曾参加北京人民大会堂、南京长江大桥桥头建筑方案设计工作。1981年以来，先后主持国内外重要工程70余项。代表作品有：杭州铁路新客站、加纳国家剧院、马里会议大厦、联合国小水电中心、杭州黄龙饭店、上海市公安局办公指挥中心、浙江美术馆、李叔同纪念馆、建川博物馆战俘馆、中国海盐博物馆、南京博物院（二期）、宁夏大剧院、银川国际会展中心、河姆渡遗址博物馆（方案）以及住宅、商务别墅等。其中四次获国家优秀设计奖，多项获省、部级优秀设计特等奖、一等奖。杭州黄龙饭店、杭州铁路新客站入选"中华建筑百年经典"，加纳国家剧院、马里会议大厦入选国际建协主编的《二十世纪世界建筑精品选》。2009年评选的新中国成立60周年建筑创作大奖，有多项作品获奖。

提出"三个立足"的创作主张，创立"三个合一"的建筑理念，实践产、学、研结合的研究生培养模式。出版《程泰宁文集》和《程泰宁建筑作品选》等多部专著，并发表了数十篇学术论文。

1990年被人事部授予国家级有突出贡献中青年专家称号，1991年获国务院特殊津贴，2004年获第三届梁思成建筑奖。

图书在版编目（CIP）数据

程泰宁 / 本社编. — 北京：中国建筑工业出版社，2014.6
（建筑院士访谈录）
ISBN 978-7-112-16871-2

Ⅰ.①程… Ⅱ.①本… Ⅲ.①程泰宁—访问记 Ⅳ.①K826.16

中国版本图书馆CIP数据核字(2014)第102115号

丛书策划：王莉慧　郑淮兵
责任编辑：杜一鸣
书籍设计：肖晋兴
责任校对：张　颖　刘梦然

建筑院士访谈录——程泰宁
本社　编
*
中国建筑工业出版社出版、发行（北京西郊百万庄）
各地新华书店、建筑书店经销
北京市晋兴抒和文化传媒有限公司制版
北京顺诚彩色印刷有限公司印刷
*
开本：965×1270毫米　1/32　印张：6　插页：4　字数：250千字
2014年7月第一版　　2014年7月第一次印刷
定价：30.00元
ISBN 978-7-112-16871-2
　　　（25552）
版权所有　翻印必究
如有印装质量问题，可寄本社退换
（邮政编码　100037）

建筑院士访谈录

程泰宁

本社 编

中国建筑工业出版社

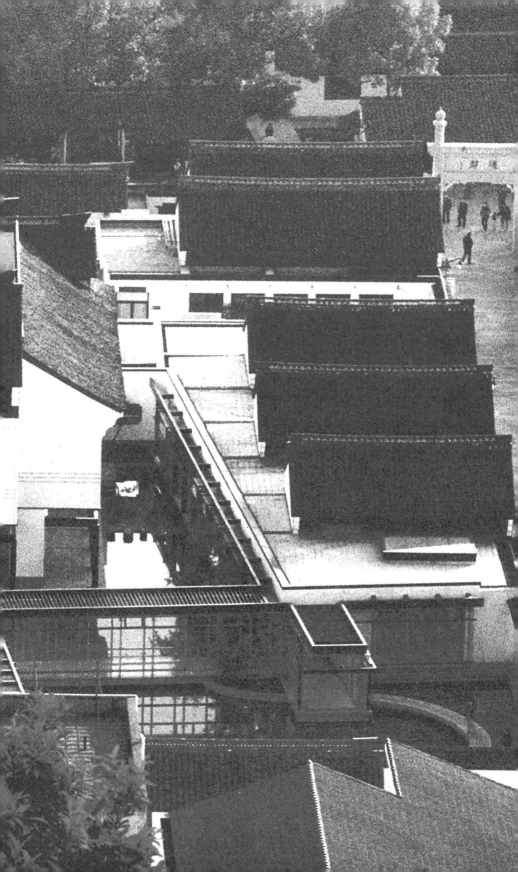

编者的话

院士作为我国最高层次学术水平的大专家，在各个行业都有代表。细分之后，专注于建筑领域的院士仅仅数十人，涵盖了建筑设计、结构、文化等多个领域，每个人在其专业领域中可谓学术之集大成者，有着丰富的人生阅历、专业经验以及学术积淀，而我们多数人都仅仅看到院士们的成功，看不到院士们为此付出的努力和艰辛。如何展示院士成功背后不为人们所知的故事，展示其生活和工作中的甜酸苦辣，就成为丛书的源起和旨归。

从现实角度考量，这些院士们大多年事已高，且依然承担着纷杂的专业事务，有的甚至还站在专业事务的第一线，承担着繁重的科研和设计任务。如果约请他们以一种严格的著书立说的方式来呈现，是院士们难于承担，或者说不愿意承担，且承担不起的难题。这不仅不现实，也是不近人情的安排。有鉴于此，我们采取了较为灵活的方式，首次选取了我国10位从事建筑学研究和建筑创作的院士，在他们匆忙的事务活动中，见缝插针地安排了面对面的采访，通过问答的形式，配以同期录音和录像，在尽可能少地占用院士们的时间（一般一个院士也仅仅采访一两天的时间）的情况下，完成资料的采集工作。之后，经过我们的精心整理，补充资料，就成了目前这一套《建筑院士访谈录》。

丛书力图通过人物肖像摹写的方式向读者展示院士们真实的工作和生活，真实地表现院士们喜怒哀乐，原原本本地展示院士们的真性情，以及他们最富于启迪性的一面。是国内首次以访谈录的形式展示建筑学院士创作与思想的丛书。

以下揭橥本书的意趣：

——我们不讨论身份、称号还有荣誉，我们不塑造光辉高大的形象，我们希求以最为朴素的文字和并非精心安排的方式，还原各种平淡无奇却意味无穷的工作与生活！

——我们不宣扬成功学，我们不寻求关键的锁钥——虽然我们并不惮于讲述成功的故事，更不是呈献励志的心灵鸡汤，我们倾向于寻迹每一个脚印，还原人生点滴，以至微至细的人生本真，逼近普通而真实的成功！

——我们关注现实情怀，关注认真和专注的态度，还有每一种伟大背后的真实内涵！

沈元勤

中国建筑工业出版社社长

目 录

第 1 章　建筑人生　　10
　　缘起　　11
　　守望　　18
　　传授 / 推动　　41
　　解惑 / 感悟　　54

第 2 章　建筑思考　　64
　　中国语境 / 当代建筑　　65
　　世界走向 / 跨文化发展　　72
　　环境观 / 整体思维　　86
　　境界 / 哲学思辨　　91
　　网络论 / 通感　　99
　　创作态度 / 归零　　106
　　最好的时代 / 最坏的时代　　111

第 3 章　实践创新　　124
　　建筑作品　　125
　　未建成　　154

第 4 章　院士印象	160
叶湘菡	161
陈忠麟	164
王幼芬	167
周旭宏	168
薄宏涛	169
胡新	172
王静	175
王大鹏	176
刘鹏飞	179
叶俊	181
袁越	182
杨涛	183
张朋君	184
胡晓明	185
来嘉隆	186
裘昉	188
陈敬	191
尾声	192

第 1 章

建筑人生

采访现场

缘起

佛说，世间事物，皆因缘而起。

自幼"不识眉眼"、"顽劣"倔强的少年程泰宁，十分喜欢看"闲书"，尤其是武侠小说。看得多了，就喜欢给弟妹们编故事讲。到了十一二岁，编故事升级为写小说。如此说来，原本该成为文艺青年的程泰宁，怎么会闯入建筑殿堂，又沉醉其间、流连忘返呢？

访谈前，我们翻阅了程泰宁院士的相关资料。

其中一组老照片引起我们的兴趣。一张合影摄于1954年在曲阜孔庙和同学一起测绘时，他站在脚手架的最高处；一张是1959年他站在长城城墙上；还有一张是他于1961年，在济南大明湖和同事的合影，他也站在围墙的最高处。这是一个与众不同的人么？

带着好奇和忐忑，我们开始了对院士的访谈。

采访者：程院士，很荣幸能有机会采访您。之前看了关于您的一些文章。得知您曾在高中时想走文学道路，为何后来却考入南京

站在城墙上

工学院（前身是中央大学，现为东南大学）建筑系？

程泰宁（连称自己是普通人）：谢谢你对我的关注。

其实，我学建筑很偶然。我从小喜欢看古典文学名著和武侠小说，四大名著在小学时就已经看完了。朱贞木的《七杀碑》、王度庐的《卧虎藏龙》等老派武侠小说我也很喜欢，甚至在初中的时候还自己动手写了好几个笔记本武侠小说，可惜后来都找不到了。高中时我还给文汇报、亦报（现新民晚报）当过固定通讯员。所以那个时候学校的老师都觉得我会"走文学道路"，当个作家。

但是到高考报志愿时，父亲考虑到当时的社会条件和政治因素，不同意我去学文学，建议我考工科，我和家里产生了很大分歧。这时，我的姑姑到我家来，她是从中央大学艺术系毕业的。从她那里我知道南京工学院的前身就是国立中央大学，也知道建筑系在"中大"很有名。建筑学既属于工科，也与文学艺术密切相关，跟我的兴趣爱好比较接近。所以姑姑劝我报考这个专业。我和我父亲都听取了这个折中的建议，最终我选择了建筑学。

大学生活，课间休息（左一）

采访者：如果说报考建筑属于一个偶然，那么，您曾师从的建筑大师杨廷宝、童寯、刘敦桢等先生，是否可以说是为您打开了建筑之门？

程泰宁：的确可以这么说。

我于1952年入校，1956年毕业。那段时间社会政治稳定，学校的学术氛围很浓，学术水平也很高。许多老师负笈海外、学贯中西，学校的专业水平在全国都是数一数二的。当时中国建筑学专业仅有三位学部委员，就是现在讲的院士。一位是清华大学的梁思成先生，另外两位杨廷宝先生和刘敦桢先生都在我们学校。我们真的很幸运。

我在学校的时候，杨廷宝先生、刘敦桢先生、童寯先生、刘光华先生和李剑晨先生都还在教学一线。可以说我是在几位老先生亲自指导下学习的。先生们的言传身教，至今依然铭记于心。

先生们学贯中西，专业能力很强，在文化修养上也有着深厚的积淀。为人处事和教育学生时，很有大家风范，用"文质彬彬"来形容再贴切不过了。在他们的影响下，我们那批学生有一个共同特点：

在济南大明湖和同事的合影，
他站在围墙的最高处

务实，即重视实际。有什么想法，用作品说话。

杨廷宝先生治学严谨，改图时通常会给你讲一些道理。记得有一次，杨先生给我改图，我非常用心地画了好几张，十分期待他的好评。他看第一张时说，可以。第二张时说，可以。到第三张了，也还说可以。我当时既不理解，也不高兴，就追问道，"到底哪个是好的"。他说："其实做设计，怎么都能做好，每条路子都是可以走通的，就看你怎么做。"我对他这种"法无定式"的态度，也是过了很多年才逐渐理解的。在不同的外在形态下面，要表达的观念可能是一样的，即内在的精神和气质是相通的。我后来提出的"立足自己"就是这种精神的延续。在此基础上，我增加了自己的看法，内涵和气质是应该坚持的，但形式上必须要创新。

另外，先生们深厚而广博的知识对我们影响也很大。杨老对中、外建筑都有很深的造诣，他能把很多东西融通在一起，可以做出中国传统的、西方古典的、现代的建筑设计。他维修过天坛，做过像沈阳的奉天火车站，还有南京的中国国民党党史馆等等，都是很典型的中国或者西洋古典的东西。他也做过很现代的东西，比如

1954年在曲阜孔庙和同学一起测绘时,他站在脚手架的最高处

南京中山陵附近的延晖馆(孙科住宅)、北京的和平宾馆,那个手法非常现代。

作为建筑师,不能只了解现在,应该对整个历史的演进,建筑的思潮和流派的变迁都要了解和熟知,只有这样才能融会贯通。老先生们正因为有这个底蕴,他们才能"变",这也是我们现在"创新求变"的基础。司马迁有一句话叫"穷天人之际,通古今之变,成一家之言"。也就是说要探究天地万物的自然规律,知晓过去和未来的变化,自成一派。

先生们不仅在学术上循循善诱,而且非常注重培养我们的思想品德。记得二年级去山东曲阜实习,时间安排很紧,但同学们都要求顺道去泰山玩玩。也许是助教们感到无法说服学生,便把刘敦桢先生请了出来。刘先生专门找同学们谈了一次话,他并没有批评我们,而是谈了很多他年轻时作古建筑调查的艰辛。然后说到这次实习时间安排的困难,要求同学们实习完毕后立即返回学校。刘先生当时身体已不太好,讲话时气接不上来,讲几句就要挺挺胸,深深地吸一口气才能继续讲下去。听完刘先生这番耐心而诚恳的讲话,原来还热热闹闹的议论一下子偃旗息鼓了。在这个过程中，我体会到了一种人格的力量，以及老师谆谆教诲的苦心。

可以说，老先生们精湛的学术造诣和高尚的品德情操，对我们那一代人的成长和建筑创作有着重要的影响，使我们受益终生。

采访者：谈起恩师，感觉您特别自豪。但常言道，师父领进门，修行在个人，您能介绍一下您在大学期间的学习情况吗？

程泰宁：我学习建筑的过程并不是一帆风顺的。刚入学那会儿，建筑学对我来说非常陌生，学习建筑需要的艺术和绘画功底，我当时都没有。我很羡慕班里有的同学，因为父母是从事建筑行业的，因此多少都有一定的建筑学知识。在一二年级的时候，因为基本功的不足，素描、水彩和设计课经常都是及格分，与我们班成绩较好的同学有明显差距。可以说在最初接触建筑时，我学习得并不轻松。

因为我素描、水彩不太好，为了能跟上学业，在寒暑假期间，我自己坚持进行绘画练习，哪怕是回到上海的家中也从不间断。那时我经常一个人躲在家里的亭子间（上海旧式楼房夹层中的小房间）画画，有时也会跑到外面街上写生。上海的亭子间冬天冷、夏天热，奶奶总在楼下喊我，数落我一点都不知道爱惜自己，而我却因为精力集中而感受不到冷热，往往是下楼陪奶奶说上几句话，又钻进亭子间继续画。

记得有一次去上海中苏友好大厦写生，因为"形迹可疑"而被警察带到派出所问话。那个时候从学校乘火车回上海要6个小时，而我一般都会利用晚上时间乘车。即使在火车上我也坚持画画。有一次，警察过来盘问，我当时年轻气盛态度不好，还被带到上海北站派出所。类似的事情发生过好几次。那几年我确实花费了很多精力，投入了大量课余时间去画画以提高基本功。

在大四的最后一个假期里，我的同窗好友郑光复，给我写过一封长信。信中批评我在学习上表现出来的争强好胜是个人英雄主义。在他眼里，我显然"用力过猛"。

大学四年，我终于把基本功的问题解决了，也慢慢"开窍"了。学建筑变成我喜欢的事。毕业时，我成为班里的优秀生，还被授予了优秀学生奖章。

采访者：毕业时，您为自己设定了明确的人生目标吗？是什么呢？

程泰宁：虽然最初我对建筑一无所知，但是通过自己的努力，我逐渐对建筑产生了兴趣。到毕业时，我已经把建筑看成是自己毕生的追求，我希望用自己设计的建筑作品来营造心中的理想国。那就是我当时的想法。

采访者：很多人都有过这样的矛盾，自己的兴趣和后来的学业、事业方向不一致。对此，您有什么好的建议？

程泰宁：这个矛盾我也曾有过。好在，很快就解决了。因为兴趣是可以通过后天的努力来培养的。

对中国传统文化的喜爱，和在大学里接触到西方建筑文化之后，使我产生了编一张表格来对比中西方文化、艺术相互关系的想法。我打算从中世纪开始，以政治、经济发展为背景，把相同年代段的中国的艺术家和西方的艺术家进行一些比较。这些艺术形式包括绘画、音乐和建筑流派等。这样不仅能帮助我们认识中西方文化,梳理其发展脉络,找出一些规律,更重要的是这种思考方式可以让建筑师形成大局观。只有知己知彼,才可能萃取和包容。一个建筑师,面对不同的文化流行倾向,应该有自己独立的见解和立场。

所以说,我起初对中国古典文学,诗词、绘画的兴趣,对形成自己的建筑观以及后期的建筑创作很有补益。我感觉兴趣与事业方向一致,学习和工作会更自觉,也会更利于把事情做好。

采访者(给院士翻看):您还记得这三张照片吗?好像您很喜欢与众不同、高人一等,您的个性也是如此吗?

程泰宁(笑而未答):呵呵,你看得真仔细。你这么说倒让我想起,我在山西时,也有一张类似的合影——那么多人,只有我一个人爬到树上去了。

守望

21岁,年轻的程泰宁,以报效祖国的满腔热情和对建筑专业的无比热爱,踌躇满志地踏入社会。然而,和许多同龄人一样,多舛的命运正在等待着他。

1956–1970年　中国科学院土建研究所／国家建委中国建筑科学院(筹建处)／建工部建筑科学研究院

在"正青春"的第一个十五年里,程泰宁做了三件事。第一,从事与建筑相关的工作(只有四五年的时间),包括进行建筑科学研究，参与一些"大项目"；第二，历经工作调动、劳动锻炼、政治运动；第三，从未间断地学习。

采访者：能谈谈您刚毕业时参与的那些大项目吗？

程泰宁：在1958年的下半年到1960年间，国家为建国十周年搞十大建筑，我得以全身心地投入到工作中，参加了很多项目的"方案评选"（那时候投标被称为方案评选）。其中包括一些在当时算得上"大项目"的工程，例如国家歌剧院、国家体育场以及人民大会堂等方案。虽然很多并未实施，但在整个过程中我积累了一些经验。

人民大会堂是由北京市建筑设计院来承担设计的。建研院、清华大学、北京工业建筑设计院三家单位，负责提供建议性方案供领导审查。其间，周恩来总理经常来关心设计工作进展。工程建成后，我又参加了人民大会堂的验收工作。当时建筑验收工作组的组长，是原建工部建筑科学研究院的院长汪之力先生，副组长是杨廷宝先生和张镈先生。而我担任建筑组的秘书。老先生们每天在新侨饭店开会。他们讨论提意见，我就记录下来，等到一天的会议结束后，我整理出几条意见，请杨廷宝先生签字，上报到验收委员会，然后再整改。我在这个工程中并没有参与多少实际工作，但参加验收工作的经历让我觉得很有收获，增长了不少见识。

1960年3月，铁道部和中国铁道学会举办了南京长江大桥桥头建筑的全国竞赛，我也参与其中。当时，一共有17个单位的58个方案参加方案评选。经过评选，我的一个方案和南京工学院的两个方案入选。经过在北京征求意见和再一轮评选竞赛，选出了我的方案和南京工学院的一个方案，要求进行综合。后来我代表建研院到

1973年在山西临汾，与陶逸钟、严星华同志在自行搭建的厨房前

南京与钟训正先生一起，对两个方案进行了综合。最后因为方案的地点位于南京，所以由钟先生负责落实。作为一个刚毕业不久的大学生，能够有机会参加这样的大项目心里还是很兴奋的。

在这期间我还参加过一次国际竞赛。1963年，中国建筑学会组织各设计科研单位、高等学校参加古巴吉隆滩胜利纪念碑国际招标。当时古巴导弹危机结束后，举办了一场国际竞赛以庆祝自己国家获得胜利。建研院抽调我和另三位同志参加，最后在我提出的方案的基础上修改定稿，选出两个方案代表建研院参加竞赛。在国内评选时，需要从70多份国内方案中选出20个方案出国参加竞赛，我们的方案以票数第一、第二被选中。虽然最终在国际评选中，我们的方案落选，由波兰的方案获得一等奖，但这一段经历也是对自己的一次重要锻炼。

采访者：在您所处的那个特殊的年代——从"反右"到"四清"，以及后来的"文革"，政治运动一个接着一个，这些对您当时以及后来产生了怎样的影响？

程泰宁：频繁的政治运动，是我始料未及的。1956年大学刚毕业，我就遭遇了第一场政治风波。

当时，我在单位担任团支部宣传委员。团支部书记比我大两岁，她是从清华大学毕业的党员。由于我们都对当时的工作环境不满意，所以很谈得来。为此，便组织了一个自由论坛，讨论了一些当时很忌讳的问题，比如"搞科学没有科学家行不行？""到底是先盖庙还是先请神？""党能不能领导科学？"……到了反右的时候，团支部书记被打成了极右，送到东北改造。我因为是跟着干的，被划为中右，下放到广东江门。

那时的下放政策很严，户口必须迁过去，要"长期扎根"。我的心情不是很好。一方面因为才毕业一年就被下放，另一方面也是因为一直坚持学习的外语和画画等被批判了。按当时的观念，下放是进行劳动锻炼、思想改造，而学习外语和画画则表示你对"长期扎根、脱胎换骨"的下放目标有抵触。我在那儿待了8个月。直到1958年，为建国十周年开始搞十大建筑了，才被通知回北京。

1964年，全国开展了设计革命化运动，要求我们"下楼出院"，到外地去工作。我们在外地只能进行些研究和调查工作。但这样依然不符合"阶级斗争"的要求。同年我被派往兰州搞"四清运动"，在兰州西固的一个建筑工地工作，在那儿工作一年后，于1966年"文革"前回到北京。

在各种政治运动中，我"一以贯之"的立场与态度，总是显得"不合时宜"。现在回忆起来，在运动的不同阶段，好像我都是"持不同政见者"。或许是因为我只是个普通的技术人员，或许也是因为我一直"中立"的行为方式，最终我只是被下放到山西，没有在"文革"

中遭受更大的迫害。

尽管如此，政治运动还是给我留下了一些心理阴影。如果说，之前的我，还曾自觉不自觉地处于政治漩涡的中心，那么，在下放到山西的前后，我已经下决心把所有的精力都投入到专业中。因此，当"文革"结束后，离开山西时，我选择了远离政治中心的杭州。

另一个事实是，我大学毕业后不久，就遇上了"反右"等多种斗争，然后就是"文革"。在我精力最旺盛，最想干一番事业的时候，做专业工作的机会被剥夺，创作激情被压抑。以至于后来我一直憋着一股劲，因此就特别珍惜现在的创作环境。我想继续画图，继续做设计。这也是我除了热爱这个专业之外，坚持做设计到今天的一个原因吧。

采访者：在经历的那些政治运动中，您有一些终生难忘的事情吗？

程泰宁（思索了一会儿）：每一个从那个年代过来的人，关于自己被改变的命运，都有很多故事可讲。如果有时间，我可能会把它写下来。

采访者：那么多的下放和劳动锻炼，生活条件一定很艰苦？

程泰宁：记得1958年，我下放到江门时，因为患病（肺结核）没有安排做砖瓦工，而是到食堂帮炊，后来觉得也不合适，就去施工工地画工艺卡（把材料和设备摆放的地点画出来）。1965年"四清"，我当过架子工（属于高危作业）。1968年下放到干校，冬天里，我作为班长，带头光着腿用脚和泥坯。当地老百姓很心痛地叮嘱我们不要落下病根。他们对我们很照顾——在黑乎乎的房间里,给我们盛上一碗棒子面粥前,总是专门先用抹布(尽管也是黑乎乎的)给我们抹一下碗。

基层的生活虽然很清苦,但也让我看到并相信人间自有真情在。现在,每当我看到普通人在平凡岗位上做出不平凡贡献时,我都能体会并为之感动。我也一直在思考,自己如何为那些需要帮助的人做些什么。

采访者:业余的时间,您是如何度过的?

程泰宁:1956年8月,我大学毕业被分配到哈尔滨的中国科学院土木建筑研究所,但是还未报到就被告知暂缓去哈尔滨,单位可能要调整。随即我被通知直接去在北京的中国建筑科学院报到,它是国家建委准备按照苏联的模式成立的新单位。我在那儿工作了一年。

中国建筑科学院是科研单位,设计搞得相对比较少。我除了参加一些国内外的设计竞赛,承担一些科研任务外,自己可以支配的时间还是蛮多的。当时我已经意识到:作为一名建筑师,需要有历史的眼光和艺术的知识。建筑师应该对包括建筑在内的各艺术门类发展历程和变迁规律有一定的了解。所以只要一有机会我就会去读书,不仅在业余时间看,哪怕在上班时间也会结合研究工作看。我给自己做了规定,每天抽一点时间去看建筑,每个礼拜抽出半天外出写生,学习从没间断。

当时建研院图书馆的建筑类藏书可以说是全国最新最多的。图书馆不仅古籍的珍本善本收藏了很多,甚至还可以看到当时难得一见的国外书籍、杂志。为了读更多的书,我基本上是隔半个月或一个月就会去一次图书馆。后来我跟图书馆管理员熟悉了,她允许我带一个小板凳坐在书库里面看书。从早上坐到下午,不论什么书,从传统的到现代的,从东方的到西方的。我当时特别关注国外的期刊杂志,比如《Architectural Record》和《Architectural Review》。通过这些期刊,让我较早地接触到了西方现代建筑,了解其渊源、发展。

我至今仍记得我看《罗丹艺术论》时的感动。当时是在出差时买到这本书的,我睡在卧铺车厢的上铺,一口气把它看完,直到下车前没有离开床铺。同时,我也不断地练习绘画,我作品集中选用的一些手绘,都是那个阶段画的。

这段"自学"的时光,一直到1966年由于"文化大革命"才被迫中断。

采访者:听说,您从部里干校下放到山西的时候,买了很多图书馆处理的专业书籍?您当时是怎么想的?

程泰宁:"文革"开始,有不少人对专业失去了信心。我虽然不知道未来如何,但我想坚持下去。记得在干校时,住在乡下的学校。坡顶的室内空间很高,灯泡线很短,晚上灯光很暗。我就在一个桌上又叠了一个桌子,趴在灯下画图。

从干校下放时,我买了很多图书馆处理的专业书籍。我的一位同事十分不解:"你现在还买书干什么,难道你还想干这个专业吗?"

后来,我的户口被迁到临汾,这意味着可能一辈子都要待在那了。有一次,被下放到山西运城,原建工部北京工业建筑设计院(现中国建筑设计院)的主任工程师、后被评为中国第一批设计大师的孙芳垂先生（1920-2011年）来临汾。当我们聊到下放人员的处境时，他问我："难道我们这一辈子就这样了吗？"我对他说："不管怎么说，中国这么大一个国家，总还是需要建筑的，唯一不确定的是我们这辈人是否能赶得上。"我告诉自己，不管未来怎样，我需要在专业上先做好准备。

1970-1980年　山西省临汾地区设计室

"一条马路三座楼，一个警察管两头，招待所，没枕头，一天三餐吃窝头"，这就是35岁的程泰宁的新工作地。与物质上的贫乏落后相比，周围人们对建筑设计的不理解，更让他沮丧——你们是搞设计的？会设计水渠、桥梁吗？搞设计？建筑设计？盖房子还要设计？

初到那儿时，程泰宁曾做过水渠、道路、桥梁的设计，后来又搞过"五小工业"，即小煤矿、小钢铁厂、小化肥厂、小水泥厂和小机械厂等的建筑设计，但都因为缺乏工艺支持和相关材料而落空。几年下来，工程做了不少，但只有两个项目建成：一个是某解放军司令部的一座公共厕所；另一个是火车站里的站台仓库。在某种意义上，这也算是他的建筑作品"处女作"。

抓住任何一个做设计的机会，哪怕再小的工程。这个信念支撑着程泰宁，直到1974年，他接到了第一个建筑设计任务。

采访者：您接到的第一个较大的设计任务是一个怎样的项目？是否也能算是一个好的开端？

程泰宁：可以这么说吧。1974年，我接到临汾东风饭店的设计任务。这虽然是一个 4500 平方米的普通社会旅馆,但当时对于我,已经是一个极其珍贵的设计机会。我根据中小型旅馆的特点,认真进行了设计。随后,我又承接了邮电部第七研究所研究楼和解放军 277 医院的设计任务。在同事的共同努力下,我们较好地完成了任务。

1975 年底,临汾地区设计室承接了太原云山饭店(当时称革命饭店)的任务。饭店约 18000 平方米,地面上下共 16 层,是当时太原最高的建筑物,当时在山西算是很大的酒店了。不论对我,还是对临汾地区设计室都是一次严峻的考验。期间,我一直坚持在现场做设计,而且自己规定:星期天不休息,晚上画图不到 12 点不停笔。经过努力,最终建成的方案获得了好评,获得了 20 世纪 70 年代"全国优秀设计表扬奖"。与广州矿泉别墅、东方宾馆同为三个获奖的旅馆项目之一。

到了 1979 年,通过设计竞赛,我获得了山西省人大工程的任务。这也是我在山西工作期间完成的最后一个工程。

采访者:1976 年以前,"四人帮"还没有被打倒,您是在怎样的环境下完成这些项目的?

程泰宁:到临汾后,"文革"一直搞得很紧张。但自林彪事件后,我对政治就非常消极了。每次组织学习,我总是在下面看书。设计室开"批林批孔批周公"的大会,都安排在我所在的大办公室。开会时,大家都在积极讨论发言,只有我一个人在那里埋头画图,显得特别不协调。我自己没觉得怎么样,反倒是当时的一位年轻同事岑章志(后任清华大学校务委员会副主任)好心提醒我,你得注意一点,听说要整你了,你是不是能换个工作单位?

1987年代表杭州院与兄弟单位联合签字（前排右一）

现在想想，如果不是1976年"文革"结束，说不定我就又被"修理"了。

从1970年直到1981年，我在山西工作了10年。这10年尽管工作和学习条件都不理想，但我过得很充实。我始终坚持学习、画画，总是竭尽全力去寻找能找到的书籍，甚至到20世纪70年代后期，一些西方国家的建筑杂志影印本也被我订阅到了。

很多时候，环境和条件，是要靠自己创造和改变的。

采访者：调出临汾，是不是也算是为自己寻求一个更好的创作环境？

程泰宁：是的，因为临汾的信息比较闭塞，工作环境也不理想。1976年打倒"四人帮"后，国家各地都需要人才，为我的调动提供了可能。

但事情并没有我想象的那么简单。整个过程可以说是一波三折，前前后后近3年，直到1980年才有所松动。

那时当地领导有一个说法："徐庶终身不为曹操设一谋"，就是哪怕你不工作，也养着你，不让你走。当时，北京、天津等几个单位到临汾调我，都被领导一口拒绝，甚至有一次建工部规划局刘局长和王凤武先生（后任南宁市副市长，建设部城建司副司长，现任风景协会常务副会长），拿着当时华国锋主席签发的、要求全国各地支援1978年唐山地震重建的红头文件到临汾来调我，都没有调成。在这期间失望夹杂着希望，备受煎熬。

事情的转机出现在1979年，我在做山西省人大工程的任务期间，结识了山西省省委书记、山西省省人大主任、副主任等领导，他们很支持我的调动。最后由当时的省委书记武光汤同志出面，给地区领导写了条子才算完成了我的工作调动。在这期间还有一段小插曲，当时决定我能否调动的关键在于山西省委组织部部长，因为他说过一句话："谁要把程泰宁放走了谁要负责！"后来还是省人大常委会主任、副主任帮忙，他们在开人大的办公会议时提出了这个问题，要求组织部长（兼人大副主任）同意我的调动。开始这位组织部长并不同意，最后迫于压力终于勉强答应了。当时我虽然小有名气，但也不过就是一个地区设计室的普通技术人员，为了我的调动竟然惊动了省高层领导，也是少有的。由此可见，"文革"过后，各级领导普遍提高了对人才的重视程度。

出来后去哪儿呢？我当时的选择地很多，北京、上海、天津、杭州都有单位要人。我的同学郑光复，向杭州市建筑设计院副院长杨重光先生推荐了我。来到杭州，一个完全陌生的城市，我想这也是机缘。后来不少朋友问我，当时回北京、上海还是来杭州好？我还真是难以回答。每个人在不同时期有不同想法，但无论何时何地，我觉得个人的努力才是最关键的。

1981-2002 年　杭州市建筑设计研究院（以下简称杭州市院）

45 岁的程泰宁来到杭州时，已人到中年。那时的他，只想静下心来做设计，而结果却并不如愿。

采访者：听说，您到杭州院不久，一度和市里领导的关系很僵？

程泰宁：是啊，说起来，两件事都是和做建筑有关。一件事是我没有服从组织调动"从政"，另一件事是关于中东河项目的改造。

1981 年，我刚到杭州不久，虽然当时我已经 45 岁，但仍然符合"干部年轻化，专业化"的要求（我在离开临汾时，入党申请被批准）。组织上对我进行了解后，觉得我适合从政。想让我到市建委当主任。一位白发苍苍的老干部代表省委组织部两次找我谈话，我都以自己不适合从政为由谢绝了。最后，我给市委写了封信，表明"我不适合当官"，同时我也向市委说明做设计更符合我本人的意愿，也会对国家有更大贡献。最终组织没有再劝说我。

在 1981 年到 1983 年之间，杭州启动了中东河改造项目，那个时候这个项目算是杭州市一个很大的项目。实施方案是：中东河在中间，快速路和慢车道分别在中东河两侧，水面距离路面五六米。我认为这个方案并不好，因为中东河本身只有五六米宽，如果两边的道路与水面的高差太大，成了"两路夹一沟"，中东河风光就会被完全遮挡。这对中东河的景观，甚至对杭州的城市形象都是一个极大的破坏。

我当时觉得，建筑师应该对城市建设献计献策。于是，作为杭州市院二室主任的我，利用"职权"抽调了十几个人，用了一个礼拜的时间，夜以继日，无偿地做了一个方案。

1987年在清华大学召开两岸建筑学术
交流会上发言

方案被拿到市委会议上给领导评审。经过讨论，领导们都认为我们做的方案比原方案更加适合中东河的实际情况。但由于原方案的拆迁合同已经签订，拆迁工作也已经开始，不可能在这时候改换方案，最后依然按照原方案实施。我想不通，就把情况写了一封信，通过清华的朱自暄教授转交给当时的国务院副总理万里。后来新华社发了一个"内参"，把中东河改造的两个方案都写了进去。市领导看到内参后，很生气，派组织部的人来调查我。虽然最后并没有查出问题，但领导为此事一度对我个人有了看法。以至于1983年杭州市建筑设计院任命院长的时候，有人推荐我当院长，领导说，除了程泰宁，你们再考虑考虑别人。

采访者：从结果来看，这两件事都无果而终。却给您造成了不小的负面影响，您没后悔过吗？

程泰宁：后悔谈不上，但后来我的确反思过。当时想做事情的出发点是好的，但一方面没有从多个角度考虑，另一方面也没顾及方法。那时候太年轻了，而且我的个性也容易冲动。

后来有人和我说，中国是讲究"天时地利人和"的。而人和尤其重要，也就是说人们之间的关系。后来证明，我的个性，的确令我在这方面非常吃亏。

采访者：现在再有类似的事情，您会有所改变吗？

程泰宁：应该会有所不同吧。我感觉自己的情商还可以（微笑）。一方面，我会多从正面去思考，不管是对事还是对人，另一方面，也可能是因为阅历。

现在面对再大的矛盾，我都会让自己"等"一夜再做决定。

采访者：我们接着谈。您连建委主任都不做，为何当了杭州市院的院长？

程泰宁：这个问题挺有意思。其实，当院长、从事行政工作也不是我的本意，我只想踏踏实实地搞设计。但是，当时杭州市院正处于被拆分的动荡局势中。

我自1981年调入杭州市院，一方面，由我负责的设计二室承接了黄龙饭店、友好饭店、新侨饭店等重要项目，另一方面，在我的推荐下，设计院从外地调入了很多优秀的设计骨干。设计院中原有部分同志与这批外来调入的同志之间产生了矛盾，于是有了分院的呼声，也就是说将一个设计院分为两个。当时的传言是，这个矛盾是由我带来的，给我造成很大的困扰。最终，原来的杭州市院还是被拆分。

我当时看得很清楚，如果单位搞不好，我个人想做好设计的愿望也会落空，考虑到对整个建筑设计院的同志负责，我最终还是

1989年向马里共和国领导人介绍杭州黄龙饭店

决定承担起院长的职责。虽然市领导开始不同意，但随着时间的推移，他们对我增进了了解。他们都是老干部，有些还是知识分子，最终理解了我不是为了追名逐利，无非就是想做点实事。我于是被任命为杭州市院的院长。

1984年我担任院长初期，所面临的困境是一般人难以想象的。一个刚到杭州三年，没有任何背景的人当院长，再加上由于分院的原因，院里多是外地人，没有本地的人脉关系，导致我们院没有任务来源，非常被动。针对当时的情况，我提出了"让开大路，占领两厢"的策略，既然在杭州找不到项目，那就到上海、到海南、到国外找项目做。此外，我还提出了一个口号："立足杭州，面向全国，创造条件打入国际市场，争取在短期内成为国内一流设计院"。

当时，杭州市院在建筑界可说是名不见经传，那句口号看似脱离实际，十分地不靠谱。但俗话说："取法乎上，仅得其中；取法乎中，仅得其下。"我觉得，只有高定位，才能把事情做好。后来在大家的共同努力下，杭州市院在那几年有了较大的发展，我们不仅在3个国家承接了四个援外项目，例如加纳国家剧院、马里共和国会议

大厦、塞拉利昂军队司令部以及其他国家的医院、住宅等项目,还在全国8个省市承接了当地的重要工程。1986年,杭州市院被建设部列为全国全面质量管理8个试点单位之一。1988年在华东地区第一个通过全面质量管理验收。1988年香港《建筑》杂志曾以《在改革开放中腾飞——杭州市建筑设计院专题调查》为题,专刊报道了杭州市院在改革开放中所取得的业绩。杭州市院开始从一个名不见经传的地方小院,逐渐为同行所认知。

采访者:杭州市院在您的带领下搞得风生水起,您为什么要选择从院长的位置上退下来呢?

程泰宁:对我来说,设计和行政是一对无法解决的矛盾。院里有两三百名员工,作为领导毕竟要为设计院的生存去做很多经营开拓和综合管理的事情。

例如,为解决外来人员的住房问题,我曾到处找租房。后来条件好一点,单位在城西城北陆陆续续建了一些房子。到了1985年,市里对单位建房的划拨土地有所限制,我只好跑到市里软磨硬泡,硬是争取到了划拨的土地。当时资金不足,在盖的过程中转卖了两个单元才建起来。后来有人取笑我,说我是资深的"开发商"。

这些事情,与我想做的设计工作毫无关系,可我又不得不做。因此,从1986年起我每年都写一封辞职信,但都不被批准。直到1991年,随着设计院的工作逐步走向正轨,我个人摆脱行政工作、集中精力搞设计的愿望也更加坚定。经过我的坚决要求,领导终于同意我的辞职请求。

湖州南海区行政中心

采访者：退下来之后的前十来年，您的创作环境是怎样的？

程泰宁：辞去院长职务后，1992年7月我应华艺公司之邀去香港工作。半年之后，由于国内建设形势转入高潮，华艺公司的力量集中于国内，香港没有很多工程可做，所以在1993年2月我又返回杭州。香港设计事务所的模式对我很有启发。经过院领导同意，我在院里组建了一个类似工作室性质的建筑研究所。

我希望建筑研究所是以建筑创作为中心，做出自己的特点。但事实证明，有很多想法在旧的体制下是行不通的。随着时间的推移，一系列矛盾逐渐显现出来。

我的一位同学，当时是上海华东院的副总建筑师，对我依然留在杭州市院表示诧异，他说："你知道不知道'天无二日'，一个当过院长的人在那儿待着，人家新院长如何开展工作呢？"事实正是如此，我在设计院当院长的时候，很多事情都比较顺，但是退下来后就遇到了很多阻碍。因为每个人所处的位置不同，思考的角度和方式也会不同。

我们在做项目的时候，通常会有较大的投入，因此产值并不高。所里买书、更新电脑、甚至房租（因为院里没有办公地点，当时另外在外面租房）等成本开销，也只能在按院里规定统一比例的奖金中开支，这就影响了大家的奖金分配。我曾经向院里请求给一些特殊政策，但在旧的体制下是不可能的。人们会说："为什么就你能搞特殊？"

背负着四、五十人的一个摊子，大家都做得很辛苦。奖金少、收入低，又看不到发展前景，因此人员很不稳定。以至当时有人开玩笑说，我这儿是"黄埔军校"，培养二三年，"毕业"了就走人。压力大，矛盾多，我的处境颇为尴尬。

从1993年到2002年期间，我们所为设计院创造了不少荣誉，获得若干大奖，但我很少参加全国性的学术活动。这十年中，我没有出过一次国。而之前，我几乎每年都要出国参加学术会议。

采访者：后期的环境并不理想，您为什么不做些改变？

程泰宁：在建研所面临重重困难的同时，1995年，我又遭遇了被劝退休的尴尬。双重困境之下，激起我想改变自己处境的愿望和决心。

景色宜人的高层住宅区

我尝试着和院里商量，由设计院出面与其他单位合作成立一个在设计院体制下的相对独立的二级法人机构，这样就能让我有一个新的平台继续工作，避免在院内"搞特殊"的矛盾。

曾经有过多次机会，最接近实现的是与"建学建筑与工程设计所有限公司"的合作。当时，"建学"的负责人、原建工部总工程师许溶烈先生和原设计局局长张钦楠先生，为此到杭州来和院领导商议成立合作事务所的事宜，新成立的事务所仍由杭州市建筑设计院管理。本来这件事基本办成了，杭州市院院长也专程去北京和许总在协议书上签了字，但是回来后可能是考虑到单位体制的问题，这个成立联合事务所的提议最终仍被杭州市院领导否决。

期间我也考虑过换一个单位，但是我的调入对任何单位来说都会带来影响，会打乱其原有秩序，因此我想去的单位都不太愿意接受我。

我当时的要求很简单，只要有一个小的团队能够相对稳定，我能够安心做设计就足够了。但在那个时期，这种简单的要求仿佛成了一种奢望。由于研究所的困难，我出去寻求合作或者更换单位的愿望都无法达成，为此我很是苦恼。

采访者：您当时没有别的选择么？您为什么不自己单干？

程泰宁：我当时不是没地方可去。对方开出的条件，也很有诱感。

至于单干，我不是没有想过。但我并不想搞个体。因为当时国内建筑市场的发育还很不健全，投资主体大多都是政府。很多工程由政府机构来掌控，他们自然更信任国营单位，不会去相信一个个

2006年于浙江美术馆工地

体企业。如果我创办个体事务所,无论你知名度有多大,一旦脱离国有机构这棵大树,你的影响力马上就减弱了。尽管业主对你个人是肯定的,但对你这个个体单位会持怀疑态度。政府能把杭州火车站交给一个个体户去做设计吗?出了问题怎么办?所以,如果当时做个人事务所,对我承接任务、参与投标肯定会带来制约,至少政府项目很难接到。

所以即使处于困境,因为能看到这些都不是我想要的机会,我并没有"慌不择路"。

2003- 至今　中国联合工程公司　中联程泰宁建筑设计研究院(现中联筑境建筑设计有限公司)

2001年,事情终于有了转机。程泰宁看到《中华建筑报》上刊登了建设部郑一军副部长和王素卿司长的讲话。他们提出为了推动大院改革,充分发挥人才作用,可以由知名建筑师挂牌,发展一批由大院和名人合办的事务所。这种个人事务所,由大院做后台,"名人"具体来操作,不受原有体制限制,借助优势互补,激发建筑创作的活力，这是大院改革的方向之一。这让程泰宁看到了希望。

采访者：您是怎样抓住这个机遇的？

程泰宁：我恰好于 2000 年评上"全国工程勘察设计大师"，我一直寻求的合作模式终于获得了官方的认可。我马上给郑一军副部长写了一封信，坦诚地说明我的想法。建设部领导很支持。当时我特别兴奋，向杭州市建筑设计院申请，我认为我在杭州市院待了二十余年，院里让我在下面成立一个单位，是顺理成章的事。但没想到，院里依然不同意成立新的事务所，而是希望我退休。万般无奈之下，我找到中国联合工程公司，当时中联公司的总经理周子范很支持我的想法。

就这样，在黄龙饭店的一次晚上会面之后，我匆匆调入中联公司。在中联公司成立了中联·程泰宁建筑设计研究所，后来改制为设计院。

采访者：您在 68 岁的年纪选择再次创业，之初一定有很多艰辛吧？

程泰宁：公司开始组建的时候，确实遇到很多困难。

我从杭州市院出来时，可以说是连一张纸都没有带出来，人员也只能临时找。当时，我找了市院的两位技术骨干，一位负责建筑，一位负责结构。但是他们出来不到两个月，又都离开了，后来只剩下三位刚毕业的大学生。没有钱，只能向中联公司借了 60 万元开办费。

创办之初，完全接不到设计任务的状况，让我焦急万分。当时

2006年在办公室

我想,这条路是自己选择的,也是自己向往的,再大的困难也要把这条路走下去。而且,说心里话,我当时也没有其他的路可走。后来碰巧接到一两个项目才逐渐渡过难关。只是我又要拿项目,又要做设计,还要搞管理,压力真的很大。但总算是在大家的帮助下一起熬过来了。向中联公司借的60万元,也在当年就还上了。

采访者:现在的公司运营,是否可以为您提供比较好的创作环境?

程泰宁:相比之前,应该说是好太多了,特别是在我当选中国工程院院士之后。

一方面,我当选院士后可以安心创作,不用再为退休或者其他的问题操心;另一方面,外界对我们也多了一点信任,更容易接到设计任务。现在我把院里的管理层和执行层分开:由董事会负责决策,我只关注大方向,日常管理由专人负责。这样我就能把主要的精力放在设计上,这正是我一直以来所盼望的。

当然,公司运营还存在许多不足。学术性、现代型、市场化的三角定位，还需要进一步落实到运营和管理中去。我们和其他设计公司不同，学术性一定是我们的目标和抓手，用学术带动市场，我们才有可能做出自己的特色，在竞争中占有一席之地。

传授／推动

当了一辈子建筑师的程泰宁，一直在实践中不断思考中国现代建筑如何发展，也希望能对此做些研究。机缘所至，母校盼归。2008年，由其担任主任的东南大学"建筑设计与理论研究中心"挂牌成立。至此，程泰宁以学者的身份，肩负起更重的使命。

采访者：时隔半个多世纪，重回建筑之梦开始的地方，您有何感触？

程泰宁：六十多年过去，很多事情都变了，但我喜欢建筑的心一直没有变。这份热爱，也让我平添了更多的责任。

我很喜欢文学。喜欢文学的人都有"理想国"情节。刚学建筑那会儿，我觉得建筑师实际上就是用空间的方式创造自己理想的世界，是件很有趣的事。后来随着年龄的增长，我渐渐从中体会到，建筑和其他艺术形式不一样，建筑的影响实在太大。

有一次我们和文学界的人士在一起开研讨会。舒婷、张抗抗都说："我们的小说写得不好、电视剧拍得不好，人们可以不看。但建筑丑陋、城市无序，人却不能不看，而且一看还要几十年、上百年。"

作为中国建筑师，如何通过自身的文化传承，做出中国的现代建筑给世界看，为世界文化作一点贡献，这应该是每个建筑师的社会责任。

采访者：作为教师，您如何看待建筑专业人才的选拔和培养？

程泰宁：我注意到一个现象。从2013年开始，同济大学在自主招生时，建筑学类、城市规划、风景园林等学科已经兼收文科生。这说明，选拔和培养建筑人才的观念已经发生了转变。

关于怎样学习建筑，陆游的"汝果欲学诗，功夫在诗外"很好地回答了这个问题。学习建筑并不应该局限于如何做设计，了解社会人文等其他相关学科知识，能够帮助建筑师开放思维，举一反三。所以我认为建筑教育首先应当让学生懂得什么是建筑，仅仅教会学生设计方法对他们未来的发展是不利的。

我新近认识了一位香港建筑师罗庆鸿先生，他曾在《南方周末》上发表《城市怎么建？答案在面试》的文章。文中回忆了其四次申请入读加拿大哥伦比亚大学建筑学院经历均告失败的"惨痛"经历。罗庆鸿第四次申请时，在入学面试环节的面试官是建筑学院主任Chuck Tier，他问罗庆鸿为何如此坚持。其答："我对建筑很有兴趣，很想当名建筑师。"Tier话锋一转："你知道为什么以前三次申请都不成功？"——"嗯，不知道。"Tier又问："你念过心理学吗？"——"没有念过。""你对社会学有认识吗？"——"不认识。""人类学呢？"——"不认识。"Tier："你知道建筑是什么吗？"罗庆鸿想了一会，谨慎回答："不知道，但我已有多年从事建筑工程的经验。"Tier最后说道："这就是你三次申请都被拒绝的主要原因。"接着他又抛出一个问题，"你知道我们为什么要求申请人要先具备一个与建筑学不相关的认可学位吗？""不知道。"Tier："因为目前建筑学术理念相当混乱，我们也不知道未来的建筑应该是怎样。本学院希望学生们能利用他们已有的学识，从多方向、多角度来探索属于他们自己的建筑道路。"最后，罗先生再次名落孙山了。

搞设计不能局限在平、立、剖面上，局限在建筑形象上，还应该有更深刻的内容，应该进入到文化的层次、哲学的层次进行思考。就像那位哥伦比亚大学的建筑系主任说的，现在全世界建筑领域处在一个价值观混乱的年代，大家都在思索将来的道路怎么走，你如果不了解这方面的知识，怎么能独立思考，把握方向呢？

采访者：那么，除了要加强人文修养的积累，您认为，当前的中国年轻建筑师还存在哪些不足？

程泰宁：现在年轻学生各方面的条件都比我们过去好很多。不仅学习的环境宽松了，而且接触的信息量也很大，这都是我们曾经渴望而不可得的。但同时在他们身上也存在一些问题。在此我归结了三条：轻视实践，缺乏创新和心态浮躁。

首先说轻视实践。这其实是一个综合性问题。学校学习的知识当然很重要，但更重要的是将设计实现的能力。我常说，做建筑师起码要有三种体验：生活体验、工程体验、审美体验。关于生活体验。我随便举个例子，刚毕业的很多年轻人做设计时，连洗衣机和空调的位置摆哪儿都不知道，这就是因为缺乏生活经验导致的。我年轻的时候，看到一个房间，觉得它的空间和高度很适宜，我就会用随身带的尺子量，然后就记下了它的具体尺寸，以后做设计的时候就知道了，什么样的功能、什么样的空间尺度，是让人觉得舒服的。其实这就是生活体验。生活体验对建筑师很重要，只有重视积累生活经验，你才能把设计做好。关于工程体验。在这里，我为什么不说是工程经验而是体验呢？因为经验是可以学习的，比如说施工的时候门窗怎么做、地面构造是怎么样的。而工程体验并不是简单的技术上的东西，而是一种意识，是你到现场去看的时候的一种感觉的积累。虽然有点难以描述，但只有当你有了工程体验，你才不会受制于人，你的设计才有了自由度。关于审美体验，我觉得首先美是多样的，美是外在的（形式），更是内在的。做设计时要考虑人的心理审美的偏好。一个房子从草图、方案到建成，如何保持审美一致，这就是要看你的审美体验了。有些年轻建筑师悟性很高，一看我的草图就能抓住我想要表达出的东西，在细化方案时能够把握得很准，但大多数人则不是。对空间、形体和细节的体验，其实都是要靠平时的细心观察来进行积累。金庸小说里写的修炼"降龙十八掌"这类上乘功夫，那是要有内功做支撑的，没有内功，光摆样子，被人一推就倒了。在建筑学中也是如此，由于缺少生活体验和工程体验作支撑，画出来的形式，"看上去很美"，但很可能内部功能混乱，空间和尺度失控，建筑根本不能使用。这种没有生活和工程支撑的审美是虚幻的。

其次我想谈谈关于创新的问题。电脑时代的拷贝技术、数字摄影技术、网络搜索技术等虽提高了工作效率，却也为抄袭模仿以至舞弊提供了方便。建筑审美趋于同质化，用同样的标准要求一切，衡量一切，也是一个严重的问题。现在很多刚毕业的学生一开口就是那些很炫的词，标新立异成为他们创作的目标。而这种"标新立异"是没有根的，甚至是模仿来的。比如说现在流行的数字建筑软件

"联合国"国际小水电中心

"联合国"国际小水电中心内景

和参数化设计，很多人对它们的运用都流于表面的造型塑造上，对其内涵的东西并不了解。试想没有正确的价值观，没有独立思考的精神，没有夯实的文化根基，如何能够奢求建筑师创新呢？

最后讲心态浮躁。在商品大潮的冲击下，对于现在的年轻建筑师来说，诱惑很多，干扰也很多，其中有部分人已经渐渐沉迷于商业化的操作了。他们大多安于现状，耽于安乐，缺少创新激情，用商业化流水线的形式来做建筑。除了赚钱、享受生活以外，很多年轻建筑师平时很少学习和思考了，更不要说沉下心做学问了。这种状态可以说是十分不正常的。佛教讲"戒、定、慧"。这就是说要自律，有所不为，然后才能"入定"。只有稳住心态，锲而不舍地思考、感悟，最后才能获得大智慧。我这样说当然不是要大家像和尚一样生活。年轻人，特别是年轻的建筑师，生活应该是丰富多彩的。我的意思是说，一个喜欢自己工作的建筑师，要知道自己要什么，不要什么。要能够排除一些干扰，拒绝某些诱惑，特别是要有明确的价值取向，否则在商业经济的社会里，很难沉下心来，也就不可能做出好的作品。

采访者：您是如何培养自己的学生的？

程泰宁：目前我在东南大学带的主要是博士研究生和硕士研究生。对于学生的培养，我主要从学习内容和工程实践这两个方面来进行考虑。

作为建筑师要有自己的文化观和历史观，所以我要求我的学生注意学习古今中外的人文知识。它可以使我们头脑冷静，把握住创作方向。我希望学生能增强建筑学教育中的人文修养和批判意识。

比如哲学、美学、绘画、历史等，就能够帮助学生开拓思维。

说到培养模式，我认为创作实践本身是一种很好的学习方式。我一般都是通过实际工程来教学生，实践能告诉他们建筑是如何完成的。学生会在实践中领悟做设计不是只有一种模式，要针对不同情况来区别对待。我跟同事做设计时一般出完草图，交代完做法就可以了。但跟学生在一起做设计时，我会尽可能多地与他们交流，听取他们的想法，并告诉他们我的思考过程。我希望能够灌输给他们一些设计之外的理念，让他们理解建筑是什么，知道应当如何做建筑，明白设计过程中要考虑哪些问题。

对于论文的写作我也想多说两句，其实写论文应该是自己对建筑思考、提高的过程。但在现行的研究生培养模式下，对论文有太多的格式上的要求，太多不符合建筑学本体的要求，把学生限制在格式的条条框框里。这导致了写出来的东西看起来很有"理论性"、"系统性"，但实际上，这些论文大多无用，也限制了真正有创新性的论文出现，这实在是很可惜的一件事情。

采访者：如果要给学建筑学的年轻人推荐几本您认为最值得读的书籍，您会推荐哪些？

程泰宁：要说推荐哪些书，我真的很难讲。一来是因为建筑涉及面太广了，没有哪本书是放之四海皆准的，需要我们思辨地去读；二来是因为读书是一个很个人化的事情，我感兴趣的书，别人不一定觉得会有帮助。在这里我只能讲我自己曾经读过的，并且对自己有启发的几本书。

《艺术哲学》这本书是我首先想推荐的。它是由丹纳写于19世纪的一本书。这本书最初是由傅雷先生翻译的，我刚毕业那会儿就出版了，迄今为止我已经读过很多遍。在书中，丹纳从文艺复兴前一直讲到十九世纪，构架出一个西方绘画发展的历史框架。不管这个框架是否准确，但它能从宏观的社会背景来分析文化及艺术的发展，让我非常欣赏。他的主要观点是：如果说作品是一幅画，那么时代和环境就是一个画框，即作品是镶嵌在时代和环境里面的。他非常强调时代和环境对作品的影响。比如他在书中从荷兰的自然环境、画家的社会背景，以及作品的创作缘由入手，来阐述法兰德斯画派卢本斯的绘画为什么是这个样子的。这个观点给了我很大的启迪，我至今仍然对此感到认同。法国现实主义画家库尔贝也说："艺术的任务就是表现时代并把它留给后人看。"我的"立足此时"的观点就是由此而来。建筑只有成为一种时代的文化，它才有力量和价值。同样也只有把建筑放在时代的大背景下去观察，才会有更深的认识，从而为你的创作找到更多的启发和帮助。

还有一本书是刘勰的《文心雕龙》。这本书比较难读，我当时是拿着一本选注本对照着看的。那时我就想看文章应该怎么写。书中描述写文章从开始的获得灵感，到后来的建构框架，再到最后的裁剪取舍，增加华彩。这种方式给了我很多启发。我发现，其实这个过程和我们做设计的很多道理是相通的。我们做设计在一定意义上等同于写文章，所以我就讲建筑可以有"建心雕龙"。虽然过去了很多年，《文心雕龙》这本书的很多段落我仍然能够背诵出来。比如他第一段就讲"神思"，特别强调一篇文章的灵感跟想象力。其中有一段话："形在江海之上，心存魏阙之下，神思之谓也。"前面两句是说，有的人身在江湖，心思却系念着朝廷。说明艺术想象不受时

1989年与国际建协主席哈克尼夫妇在一次国际学术会议上

空限制,具有变化迅疾莫测的特点。为什么会这样呢?原因在于神思,即由于有无限想象力。后面一段话讲得也非常精彩,"故寂然凝虑,思接千代;悄然动容,视通万里",把一种创作状态写得太生动了,写文章如此,其实建筑创作也如此。我相信,优秀的建筑师在创作时都会有这样的体验。在后面刘勰又讲了"体性"、"定势"。他特别强调写文章一定要自然,他说"机发矢直,涧曲湍回,自然之趣也",弩箭一定是直的,流水也会随着山涧而曲折,这就是"自然之趣"。写文章要顺势而为,而不能矫揉造作。他在后面还批判了"形式主义"的东西。他说,"厌黩旧式,故穿凿取新,察其讹意,似难而实无他术也,反正而已",这段话批判形式主义实在是一针见血。如果你为了求"奇",明明是正的,你故意反着写,这种做法实际上就是哗众取宠,是绝对不足取的。这个道理放在我们做建筑设计时也是一样的。

上面提到的两本是对我影响比较大的书。还有一些书也对我产生了不小影响,像《世界通史》、《中国通史》、《西方美术史》,还有冯友兰先生写的《中国哲学简史》……这些书,我推荐大家可以找来仔细看看。另外我还有一套《钱钟书论学文选》，其中一些关于文艺的内容，跟我目前的想法也比较接近，有兴趣的话大家也可以找来翻翻。

我很欣赏"活到老，学到老"这句话。直到现在当我做设计，写文章或者思考一些问题的时候，我仍然会发现自己的积累还不够，不得不去查阅相关的书籍。因为时间比较紧张，不可能像年轻时那样捧着一本书从头到尾去啃了，而是有点"实用主义"了，只能缺什么补什么。选择一本书的某些章节看，更多看的是好的文章。不管怎样，我认为读书，对建筑师来说是一辈子的事情。

采访者：近期，关于"面向公众的建筑启蒙教育"的讨论非常多，您怎么看？

程泰宁：我认为进行面向公众的建筑启蒙教育很关键。

在我看来，建筑师并没有多大能力去影响社会的发展。现在大家讲领导决定论，特别强调领导对城市建筑的决定性作用。但试想领导是从哪里来的？很多时候，全社会的文明程度是齐头并进的，公众的审美是和文化、建筑的发展相匹配的。在公众素质普遍不高的背景下，就算是换了一个领导还是一样会存在问题。整体中国社会的文化素养摆在这里，想通过提高少部分人的建筑修养，来改善中国建筑界所处的尴尬局面几乎是不可能的。

从根本上来说，中国建筑需要持续性地开展全社会的建筑启蒙，而向社会公众普及城市建筑知识是我们建筑师应尽的责任和义务。城市规划与建筑学除了有其特殊的专业和技术要求外，它所蕴含的人文需求和城市公民的文化审美水平密切相关。因而建筑基础知识的教育宣传是提高中国整体建筑水平的必由之路。

采访者：您能简单介绍一下"建筑设计与理论研究中心"（以下简称研究中心）目前的情况吗？

程泰宁：研究中心创立于2008年。目前中心的教师加学生有近20个人。除了日常的教学科研工作，中心在打造产学研一体化平台中承担了主要角色。此外，近几年，由中心为主承担了两项专项课题研究，一项是中国工程院的课题，题目是《当代中国建筑创作的现状与未来发展的研究》，一个是建设部的《关于提高建筑设计水平若干意见》的课题研究。这些研究工作的成果，目前已接近完成。我希望，这些研究对中国建筑创作的发展能起到一定的推动作用。

采访者：《当代中国建筑创作的现状与未来发展的研究》的课题，主要做哪方面的研究？

程泰宁：改革开放以来，中国建筑设计的发展呈现出多元多样的发展态势，取得了一些成绩，也面临许多难题：包括在大量、快速的建设背景下，如何提升中国建筑设计的质量，如何通过跨文化对话实现建筑文化的传承与创新，凸显中国的文化特色；在中国社会现代化转型过程中，如何完善制度建设，倡导一种健康的主流设计价值观，等等。

课题是由东南大学和清华、同济、南大等几所学校合作完成的。我们的研究主要是在文化层面进行，我希望这个研究在有一定针对性的同时，还要有一定的理论深度和现实意义。另外，在这里我也想打破一下专业内外的界限，通过这种跨学科研究对全社会产生影响。这个课题被列为工程院学部重点咨询研究项目。作为项目负责人,我感受到很大的责任和压力。

这里可以大概说一下我们的研究成果。课题最后将以四部分的研究成果呈现的:专题研究、当代中国建筑设计现状与发展研究报告、当代中国建筑设计现状与发展蓝皮书和院士建议。

第一部分有15个专题研究,我们做了不少调查研究。我随便举几个例子,有一个专题叫"公众的建筑认知调研分析报告",就是针对现在建造的仿古的建筑的问题,发一千多份问卷给公众。请他们用打分的方式对仿古建筑的好坏做评价,从中总结出公众认为现在的问题在哪里。还有一个报告是"若干代表性工程项目的招投标状况调查"。因为招投标现在问题很多,招标本身就很不公平,很不透明,存在伪标、暗箱操作等现象。这个报告旨在研究出现在招投标出现种种问题的症结所在。

第二部分是当代中国建筑设计现状与发展研究报告,这部分实际上是在15个专题的基础上写成的,目前已经完成。

第三部分是当代中国建筑设计现状与发展蓝皮书,主要是从发展历史回顾、存在问题剖析、发展策略思考等三个方面来进行探讨的,目前已经定稿。

第四个部分是院士建议,这个是写给国务院和各个部门的。前面提到的研究都是想说明建筑已经不仅仅是建筑师的问题,也不是建筑学本身的问题,而已经成为一个社会问题了。在这里我们提出了一些对当前建筑问题的看法和建议等。

作为这个课题的主持人,我会尽量弱化自己个人的观点在课题中的反映,我更希望最后能得到一个关于中国建筑未来发展的共识。

采访者：去年11月份，在南京举办的"中国当代建筑设计发展战略国际高端论坛"，也属于这个课题的一部分？能为我们介绍一下吗？

程泰宁：是的，作为研究课题的延伸，我们希望通过这样的论坛，听取大家的意见和建议。这次国际高端论坛是中国工程院所主办最高级别的学术会议，是中国工程院2013年十场高端论坛之一。

我们邀请了来自中国工程院和中国科学院的建筑专业、结构专业的12位院士，也邀请到来自香港和台湾地区，以及美国、瑞士、荷兰等世界著名学者及建筑师，以及国内著名高校的建筑学者与知名建筑师。可以说这是一次业界盛会。

两天的会议，通过特邀报告、圆桌对谈的形式展开讨论。论坛下设五个议题，分别为：国际化背景和多元文化视角下的当代建筑设计；全球化语境下的中国文化传承与中国现代建筑；新型城镇化进程中的中国当代建筑设计；后工业社会场景下的当代建筑设计；创作环境与中国当代建筑设计。我在会议上发表了"希望·挑战·策略——中国建筑现状与发展"的主题演讲。

采访者：这个论坛，除了定位属于"高大上"（高端大气上档次）之外，其他有什么特色？

程泰宁：我们在参会人员的邀请上，打破了体制、年龄的界限，请来了不少独立建筑师和中青年建筑师。

另外，论坛结束后，在新华社、中新社、人民日报、光明日报、新华日报、浙江日报、瞭望、南方周末、文汇报等很多非专业媒体作了相关的报道。其中，南方周末以两个整版的篇幅报道了这次会议；新华社的稿件《多位院士痛批中国建筑乱象：求快、求洋、求怪》，播发后被三十多家报纸转载。

这说明，论坛不仅在建筑界内反映很好，在社会上也有较大的反响，超出了之前的设想。

采访者：如果说您之前一直在为自己的创作寻求一个好的小环境，如今是不是可以说，您已经在努力改变大环境了？

程泰宁：我倒没这么想过。只是很自然地想做，没有那么刻意。

不过，建筑创作环境的改变，的确不是一个人、一个领域内部的事。它需要全社会的共同关注和推动。我很清楚，即使不是我，也一定会有人做这样的事。而且我相信，只要这样的人多起来，社会一定会进步。

解惑／感悟

对一个习惯"让作品说话"的建筑师，程泰宁并不喜欢走到前台，白白"浪费"了他的口才与文采。于是，多年来，在他身上汇集了非常多的问题和不解，我们希望借此机会，探究一二。

采访者：有人说您"功成名就"吗？您的下一个目标是什么？

程泰宁：我完全不认同这个说法。建筑于我，早已不单是个人喜好。我只是众多肩负社会责任的中国建筑师之一，我认为，我们都在路上。

采访者：时至今日，很多人都想了解，您还在亲自做设计么？您为何不选择指导他人做设计呢？

程泰宁：有很多不了解我的人，都会问这样的问题。

是的，我还在亲自做设计。因为我感觉自己的思维，仍处于创作的活跃期。面对新任务，总会产生新想法，仍有很多尝试新事物的冲动。反之，如果哪一天觉得自己江郎才尽，我自然会停下来。

我亲自做的项目，都是以我为主的。通常我先画草图，可以有多个方向的探索，经过讨论，请团队成员深化，我再修改，再深化，反复多次，然后定稿。有的时候，特别是带学生的时候，我也会先请大家一起画草图，然后我再出草图。这样做的目的是为了让他们对设计要点以及我的思路有深一步地理解。他们的思路有时也会对我有所启发，我会考虑是否吸取。

建筑设计其实是蛮个性化的工作。每个建筑师都应该有自己的特点和发展路径。正如我在自己负责的项目中，一定要表达并坚持真正属于自己的理念一样，我也不会过多干预他人的设计。当然，参加内部的方案评审，对同事们的设计提些意见和建议，是另外一回事。

坚持自己画草图、做方案，做设计的乐趣，创新的喜悦正是在这里。这和指导别人的感受是完全不一样的。

采访者：听说您常会有中途放弃的项目，为什么？

程泰宁：说常会有，有点言过其实。不过我确实有过中途放弃。

通常，建设方委托我做项目之前，都会对我有所了解，所以沟通起来还算顺畅。做项目，我认为最重要的两点，就是与别人的沟

宁波高教园区图书信息中心

通方法和自己的工作方式。建筑师应该充分尊重建设方，并及时与其沟通。用认真的工作态度和良好的沟通方式取得对方的信任，这很重要。

我会在设计前了解建设方想要什么，然后提出3~5个方案供其选择，而且每个方案我们都做得很认真。作为建筑师，在设计中要时刻听取别人的意见，同时也要维护自己的专业立场。就我个人来说，我会做些妥协，但也会有底线。

并不是每次我的方案都能获得建设方的认同。比如说我最近在福建做了一个项目。领导提了很多修改意见。我根据这些意见做了一些修改，但同时对领导说："这已经是我的底线了，同意的话我就继续做，不同意我就不做了"。

还有一次是在山西太原，做一个40万平方米的重要建筑群。建设方因为听说我做的"中国建筑"还不错，所以特意委托我做方案。但是我做的"中国建筑"与他认为的并不是一回事。他并不满意我做的方案，希望我能按照北京军委大楼、公安部的形式来进行修改。最终我选择了放弃。他们希望我做下去，说山西是你的第二故乡，在太原这么重要的地段盖这么重要的建筑，你不做多遗憾。我说确实很遗憾，但如果做出一个我认为不好的方案那就更遗憾了……

在做方案的过程中，我通常都会给出很多方案进行比较，有时方案被毫无道理地否定掉，让我很郁闷。这说明，建筑师在专业上的话语权还很有限，哪怕你是院士。或许在领导、业主和开发商眼中，建筑师仅仅就是"画图的"，这种状态真的让人很无奈。

采访者：因为工程项目，您会写信向上级领导反映情况，为此您曾吃过苦头。听说如今您依然如此，为什么要这么做？

程泰宁：从中东河项目改造开始，这些年，我确实给各级领导写了不少信，也为此得罪了不少人。但我没有怕过，怕我就不写了。

我知道，写信并不是一个解决问题的好办法，但我也实在无路可走。我写这些信，都是因为项目在设计、实施过程中遇到了很大的困难和阻力，希望得到领导们的支持和帮助。只是，这些信有的还算管用，但更多的是石沉大海。

其中印象比较深刻的是我做浙江美术馆的时候。虽然我们经过招投标获得了这个项目，但是建设方开始对我们团队并不信任，想把我们的方案交给别人做扩初和施工图。我们都知道，建筑从方案，到扩初，再到施工图，是一个不断深入，不断完善的连续过程，如果把扩初和施工图交给另一家单位来做，势必会对原方案的很多创意和项目的完成度造成损害。当时我刚从美国讲学回来，听到这个消息很是震惊。得知建设方下午要来向我们谈买断方案的事情，于是马上给分管文化口的省委副书记写信说明情况。邮寄已经来不及了，我便派人把信直接交给了他的秘书。下午会议开始前，建设方接到一个电话，出去了好一阵子。没过一会又出去接了一个电话。后来正式开始谈的时候，他们的态度发生了变化，再也没提换设计单位的事。后来我才知道，第一个电话是省委副书记的秘书打的，第二个电话是文化厅的厅长打的，他们都表态不同意这么做。领导们的支持，使我能把这个项目做下去，令我特别感激。

最近刚做的一个博物馆项目，当进行到外立面施工阶段时，在石材幕墙的造价超出了几十万。虽然这笔费用对于整个工程来说并不多，但就是协调不好，使整个工程都停滞了下来。领导说："预算都报到财政局审批过了,现在又要增加投入,人家还会以为我们贪污呢!"话都说到这份上了,我也没有更好的办法。为了不影响工程的进度,只能给更高一级领导写信反映此事,最后才得以解决。

为了尽力把项目做好,有时不得不做这样的事情。尽管过程中,会出现分歧、争执和不理解,但项目建成后,各方都满意,是大家共同的目标,也就会一笑泯"恩仇"了。

采访者:听说您不爱钱也不爱权,您是怎么"修炼"成的?

程泰宁:你把我说得不食人间烟火了(笑)。你这么说,是因为你不了解,曾经人们不是这么看我的。

改革开放之后,有很多开发公司许重金相邀;还有一些中小型设计单位,开了很高的年薪和条件希望我去工作,承诺我不用接项目,只要做设计就行。可我知道,到他们那儿,必须按照商业化的模式运作,想做出好的设计很难。

从杭州市院院长退下来之后,我没有下海,而是老老实实地待在杭州市院的建研所。但因为建研所小有名气,以至于让许多人想当然地认为我在干个体。于是,外面很多舆论都说我闹独立、想赚钱。

有一次我去规划局碰到一个同事,他看到我就说:"程院长,你现在可是我们杭州建筑界的第一大富翁了。"我不想解释,只能说,"应该是,应该是。"更有意思的是,有这种想法的,也包括我们省建设厅的领导,甚至当时的建设部叶如棠部长。1995年第一批个人事务所大概有十几家,据说叶部长在审批名单时还问:"怎么没有程泰宁?"省里的建设厅领导也曾说:"太不像话,程泰宁怎么搞起个体事务所来了？"其实我当时的建研所不但体制上完全国有，而且全所的奖金（包括我在内）分配很低，与外面很多建筑师的收入相差很远。白白担了个虚名，真是冤哉枉也。

关于当官，前前后后的确曾有一些机会。例如，1987年，建设部曾想调我回北京。当时给了我两个选择，一个是到科技司，另一个是让我到中国建筑科学研究院，但都是从事行政工作。最后一方面我不想脱离设计工作；另一方面建设部一把手有不同意见，结果都不了了之。

人们对我不想当官也不想赚钱，褒贬不一。有为我可能的光明仕途遗憾的，有夸我"聪明"的（我当院士之后），更多是不理解的。其实，这个选择特别自然。在我看来，一个人，一辈子，认真做好一件事，就可以了。从青年时代起，我就认定建筑创作是我终生的事业，早已融于思想、化入血液。历次政治运动后的下放或调动，都不能浇灭我的建筑理想。现在有了这么好的条件，我又怎么能轻易脱离设计工作呢？

采访者：听说您现在依然每天早8点多上班，晚7点多下班，而且没有双休日、节假日。您不觉得辛苦吗？

程泰宁：做自己喜欢做的事情，很累，但也很快乐。

人在成长的过程中，顺境逆境都会遇到。最难的是处于顺境时要把持自己的行为，处于逆境时要坚持自己的信仰。

我很羡慕2012年5月去世的巴西建筑师奥斯卡·尼迈耶。他去世的时候已经106岁了，手上还有二十多项任务没有完成。这样的工作状态很好。

从另一个角度讲，别人到我这个年纪，有的喜欢旅游，有的喜欢打牌，而我喜欢做设计，仅此而已。

采访者：您的业余时间通常如何安排？有什么特别的兴趣爱好吗？

程泰宁：我年轻的时候，有很多爱好。在南京工学院学习时，我既是校乒乓队的成员，又是校篮球二队的队员。毕业后到建研院，还是部乒乓球代表队成员。

除了运动之外，我还喜欢看书，无论古今中外的小说都有所涉猎。中国的名著我在小时候就开始看了。西方古典名著我大学毕业后看的比较多，比如雨果、托尔斯泰、屠格列夫、左拉……此外我还喜欢看金庸、梁羽生、古龙等的武侠小说，更早时期还看过王度庐和郑证因的小说。

此外，对绘画的兴趣我也保持了很多年。毕业以后我仍一直坚持训练，长时间的积累才使这一技能真正地得以强化。绘画在我看来是一个基本功，练习它的目的不是为了表现，而是为了锻炼你的造型塑造、色彩辨识、空间感知等各方面能力。

现在由于时间比较紧张，所以我并不能像年轻时候那样广泛涉猎，只能用业余时间有针对性地学习一些比较实用的东西。我很少上网，因为我知道，网上海量的信息会把你淹没其中。我选择了剪报，做卡片的方式来从报刊，电视上搜集信息。别人看电视，读报，可能就是一种消遣。而我则将其作为搜集信息和资料的途径。和大家一样，我也会去关注文艺领域的一些活动和新闻，我对杨丽萍、林怀民的舞蹈，谭盾的音乐，吴冠中的绘画，甚至国内外的一些流行音乐的歌手等等都很感兴趣,我希望了解他们是如何在走自己的路的,以借鉴到我的建筑创作中来。

采访者:一路走来,您一定得到过很多人的帮助与支持吧,您能谈一下对您帮助最大的几个人吗?

程泰宁:这个问题让我有点为难。因为一路走来,帮助过我的人很多,我要感谢的人也太多了。

这其中最让我难忘的,应该是在我人生几个重要关口时得到的支持。

在山西那段时间,陶逸钟(原建设部设计院的总工程师)、严星华、叶湘菡、王孝雄和山西省领导都对我十分关心和照顾。

到了杭州,姚建华、叶湘菡、陈忠麟、刘卫,以及当时的市领导钟伯熙市长、顾维良、王邦铎副市长,还有部里和学会领导许溶烈、龚德顺、张钦楠、邵华玉等好多同志都曾帮助过我。

等我从杭州市院出来,调入中联公司时,当时并不熟悉的王素卿司长为我提供了很多帮助;当我想创立事务所的时候,到现在还未谋面的郑一军部长很支持我的想法,并立刻同意了我的申请。当时中联公司的总经理周子范,我过去杭州市院的老同事陈忠麟、王幼芬,以及现任中联公司总经理郭伟华,都在我最需要的时候,给予我许多支持。

人的一生中免不了会遇到许多困难,但只要你一直坚持自己的路,即使有人刚开始对你有误解,但当他们看到你的努力和坚持以后,也会逐渐理解你,信任你,并无私地帮助你。

我经常告诉自己,我要记住这些帮助过我的人。因为一个人处于逆境中的时候,别人给予的帮助会给你莫大的鼓励和信心。这些物质上、思想上以及信念上的鼓励,让我能始终坚持自己。

采访者:您觉得最有成就的事是什么?

程泰宁:很难说,如果一定要说的话,那就是几十年来经历种种"劫难",还是把这条路坚持下来了,而且也做了不少项目,这些项目也许对中国当代建筑的发展有一些影响。当然,2005年被选为院士也算是一个"成就"吧(笑)。我一直觉得,我就是一个"草根",对于我这个既没有名校、大院背景,在二线城市市级设计院打拼二十多年的建筑师,能当选院士也算是大家的一种认可吧。

另外,最近完成的中国工程院课题——《当代中国建筑创作的现状与未来发展的研究》,从影响和意义来看,也算是一件。

采访者:您如何评价自己?

程泰宁:一个在矛盾中走过来的普通人。

第 2 章

建筑思考

中国语境／当代建筑

采访者：从古至今，不同的人对建筑有着不同的理解。我们想听听您对建筑的理解是怎样的？

程泰宁：大概在 30 多年前，我跟一位同事去看望建筑界的前辈林乐义先生。当时林老已年近 80 岁，却对我们说，他搞了一辈子建筑也没有明白建筑到底是什么。那时我才 40 岁出头，这番话对我触动很大。自此以后，这个问题始终萦绕在我的心中。

建筑之于我，始终有一种神圣乃至神秘的感觉。设计的项目愈多，接触的东西愈多，愈觉得在建筑学的大海中游泳，实在是无边无垠，而又深不可测。我想这不仅是因为建筑学本身所具有特殊品质——综合性、多义性和模糊性，同时也是因为社会的发展，不断地赋予建筑学以新的内容。

我根本不相信所谓"建筑学将在 2050 年死亡"的说法，但我愿意把它看做是对建筑师的警告：社会的发展速度愈来愈快，摆在我们面前的问题也愈来愈多，纳米材料、虚拟空间会给建筑带来怎样的影响？宽带网、数字化对人们的生活方式、行为方式所产生的影响怎样反馈给建筑？跨文化发展带来的碰撞交流，又将使人们的审美方式和价值取向产生什么样的变化？如果对发生在自己身边的这些变化不去关注，老是囿于对建筑的传统式理解，在形式、风格上兜圈子，那我们只能落伍。

正因为如此，我不敢"玩建筑"（这和创作心态的放松和创作思路的放开无关）。面对不断变化、令人眩目的世界建筑的现状和未来，我只能认认真真地学习，认认真真地思考，认认真真地创作。

1989年参加国际学术交流,与会者有佩里、迈耶等

采访者：您一直被视为是用作品说话的建筑学者，至今仍然工作在建筑创作的第一线，不断地有新的建筑作品出来。您能谈谈您对建筑创作的一个基本态度吗，相信对年轻建筑师一定会有所裨益的。

程泰宁：我将自己的建筑创作态度归结为"三个立足"，即"立足此时，立足此地，立足自己"。我第一次提出这个观点是在1986年的《建筑学报》的一篇文章中。从20世纪80年代中期到现在，我始终坚持这个观点，但是不同时期这"三个立足"对我的意义又是不同的。

在20世纪80年代中期，国内的建筑环境乍暖还寒，面向西方的窗户打开了一点点，但仍强调提倡"民族化"、"乡土化"。所以当时我在文章中重点讲道"没有外来文化交流，中国现代建筑要取得突破绝无可能"，强调要吸收西方营养，不能抱残守缺；其中也提到西方的东西不能照抄，要根据国情自己判断。当时文章的目的就是要冲破框框，跟上时代。这些观点不是凭空产生的，当时正在做黄龙饭店、加纳国家剧院设计的我，在设计过程中，深深感受到思想束缚仍然太多。"三个立足"是从设计实践中产生的想法，就是呼吁在建筑界产生一个突破。

1995年我在海峡两岸一次学术交流会上再次提出"三个立足"，那时社会大背景已经和1986年时完全不同，正像我在文章中写的："与十年前相比……长期以来占主导地位的仿古之风，已经为仿洋之风所替代。"尽管"风向"不同，根本问题仍是自我缺失，所以我再次提出"三个立足"。

今天的建筑创作环境与1986年和1995年相比又有了较大不同，在全球化背景下，建筑界存在"泛西方化"倾向，忽视了本土建筑文化的继承和发展。在这种大背景下，我认为再次强调"三个立足"是很有必要的。"立足此时"，就是强调时代特征。既承认全球化的时代背景，但不把西方当作我们的未来；"立足此地"，要立足于中国特定的精神环境和物质环境，关注快速城镇化发展和建筑领域价值观混乱等现实问题。此时、此地是对创作的时空限定，是客观存在，而创作则要由建筑师来完成。"立足自己"，就是要求建筑师在自己的创作中，对此时、此地作出自己的诠释。我认为，建筑创作只有立足于整个大的社会背景之下，发挥建筑师个人创造，作品才可能清晰反映出其内在逻辑性和独创性。

采访者：您刚才提到全球化的问题，现在全球化似乎已经成为一个不可逆转的趋势，请问您怎么看全球化这个问题，您认为它对当代建筑文化的发展有着什么样的影响？

程泰宁：确实，全球化已成为人类社会发展的大趋势，其影响力正从以往的经济领域，扩展到政治、文化领域。全球化增加了不同民族、不同地域之间的文化交流，促进了世界文化的大融合，但也带来一些弊端。一些国家与地区在以西方文明为代表的现代文明的影响下，牺牲了自己国家与地方的文化特征，各个地域文化差异性正在逐渐缩小。

在全球化当中如何在接受现代文明优秀成果的同时，保持自身的文化认同，是一个非常重要的问题。但是这个问题并不是仅仅存在于中国，在全球化进程中，几乎所有后发国家都会碰到的问题。就这个问题，我的观点是"文明求同、文化扬异"。这其中首先就要厘清"文明"与"文化"之间的关系。

我认为，文明反映的是一种价值体系。它可以宏观到一个国家的社会制度，也可以微观到你随地吐痰、不遵守交通规则。而文化则是反映这种价值体系的一种表达方式。一方面，世界上有许多不同的文明。但是西方文明为代表的现代文明已经席卷全球，没有一个国家、民族可以置身其外。而现代文明中所蕴含的许多内容，已经成为现代社会的一个基本准则，是具有普适性的，应该为现代社会所共享与承认。所以我强调"文明求同"。但是这种普适原则却无法替代和取消特殊的世界其他民族文化，因为这是一个民族得以自我认同、保持自己文化特殊性、产生心灵认同之所在。很难想象，各具特色的印度文化、拉美文化、非洲文化，以及中国文化都消失了，只剩下西方文化"一枝独秀"。这不符合人类社会发展的规律，也不符合人类对多样性世界的期待。弗里德曼在说"世界是平的"的同时，也强调了文化的差异性仍然存在。虽然说好莱坞的电影风靡世界，但作为同一个文化体系的欧洲国家，对好莱坞的电影文化也是有所抗拒的。这个从戛纳、柏林、威尼斯等电影节的评奖取向就

1991年参加杭州铁路新客站设计竞赛，做方案介绍

能看得很清楚。一些代表西方主流价值观的大制作商业电影在欧洲大陆上既不叫好，也不叫座，反倒是一些来自第三世界国家，反映本地区、本民族文化的小成本电影广受好评。所以我认为，即使全球化的进程渗透到人类生活的各个方面，也不会出现某种文化一家独大的局面，而应该呈现出多样化的状态。这在其他文化领域是这样，在建筑领域也应该如此。

采访者：您在谈"文明"的时候用到"普适价值"这个词儿，这和西方中心主义者提出的"普世价值"是不是一个意思？

程泰宁：我说的"普适价值"与"普世价值"有着本质不同。为什么不讲"普世"，因为"普世价值"是一个典型的西方中心主义的提法，很多年以前西方人认为自己的文明就是"普世"的，非西方国家的未来只有一条道路，那就是走西方所代表的普世的现代化道路，对此我并不赞同。

有个叫萨缪尔·亨廷顿的西方学者，他是一位有名的西方文化中心主义者，连他都承认，世界上不存在所谓"普世"文明，非西方化的现代格局正在形成。他在《文明的冲突与世界秩序的重建》中专门写了一章"普适文明,现代化与西方文化"。他认为,"在多元文明的共同理解框架之中,普适文明乃是指各文明实体和文化共同体共同认可的某些公共价值以及相互共享与重叠的那部分社会文化建制。普适文明不是一组固定不变的静态要素,而是随着时代的变迁和更多文明的介入,其内涵也处在不断地再建构之中。普适文明既是动态的、历史的,又并非边界模糊,可任意解释和发挥的。"

而我谈"普适价值"还有一层用意。在世界文化正在面临重构的时候,我们中国人为什么不能在自身文化发展的基础上,总结出一些适合自己的,同时也能为别人所理解与接受的价值观,形成全人类共享的精神财富呢?我认为,只有这样中国文化、中国建筑才能真正地走向世界。

采访者:在谈到中国当代建筑的时候是不能脱离它所处的时代背景的,您认为对于当代中国建筑发展来说,有哪些重要的、不可忽视的因素?

程泰宁:在谈到中国当代建筑的时候,有两个因素是不可忽视的,一个是世界文化的重构,另一个是城镇化。

前一个因素,前面也谈到了一些。当前,尽管西方文明已"从高峰滑落"(亨廷顿),但它经历二三百年发展所形成的、比较完整的价值体系,仍具有颇大的影响力。中国虽然拥有五千年文明,但长期以来却面临传统价值体系已"被解构",而新的价值体系尚未能建立的尴尬状况。中西文化比较的陈旧话题,"路在何方"的文化困惑,在建筑设计领域中表现得尤为突出。

另一个不容忽视的背景是城镇化。2000 年伊始，诺贝尔经济学奖获得者斯蒂格利茨就曾预言：有两大事件将对于 21 世纪人类社会进程造成最深刻的影响，一是以美国为首的新技术革命，二是中国的城镇化运动。每年中国新增加的建设量达到了 27 亿平方米（2012 年），将近世界总建设量的一半。当其他国家在讨论建筑设计问题还是以一个工程单体，或一个片区为对象的时候，而我们所面对的却是一座座日夜疯长的城市，两者所面临的问题和影响是完全不同的。

就建筑设计而言，城镇化的影响好坏参半。一方面，它带来了建筑市场的空前繁荣，为中国建筑师提供了很多实践的机会。可以说快速城镇化以来的三十年，是中国建筑师成长迅速的三十年。但是，面对城镇化的迅猛发展，我认为中国社会，从领导、专业人士到普通公众都缺乏足够的准备。当前的现实是，一个大中型城市，只有五六年，顶多十年就把架子搭起来了，尽管房子的空置率很高，但"城市形象"已经出来了。我觉得，在各级领导的政绩观面前，书本上的那些理论，甚至是经过上级批准的规划，经常是不堪一击，很多城市所谓的"组团式发展"，就是变相的摊大饼，我们现在看到的那些"副中心"，很多是生造出来的，缺乏产业结构的支撑，交通、商业、文教、卫生等配套设施很难在短时间里配套完善，结果造成副中心对主城区的依附性太强。这种人为的造城运动不符合城市有机生长的规律，危害很大。现在很多城市交通严重拥堵，就是这么来的。而被广泛批评的"千城一面"现象也是这么来的。著名作家龙应台几次著文批判"千城一面"；日本建筑师安藤忠雄也说过类似的话。他说，中国"建筑的计划作用正在消失"。"中国建筑师亟需考虑，否则建筑就会是毫无意义的复制品，甚至是垃圾"。

我们看到高层显然也注意到了这一问题。最近习近平总书记在中央城镇化工作会议上特别强调城市建设"不能'千城一面、万楼一貌'",特别指出"要吸取国外优秀有益经验,但不能成为国外城市建设设计师的试验场"。

世界走向／跨文化发展

采访者:从"三个立足"的创作态度中,我们知道您是一位非常强调文化自觉的建筑师。但是谈到中国当代建筑的时候,"现代"与"西方"是一对绕不开的词儿,您是怎么看待这个问题的呢?

程泰宁:首先我必须指出"现代"绝不等于"西方"。中国建筑发展中的许多问题正是来自于将"现代"与"西方"之间划上等号。

我们当前存在的问题是以为搞现代化就是照搬西方文化,因而将西方文化与现代化划上等号。在当代中国,我觉得这已经蔓延成为一种集体无意识的行为。长期以来,中国文化破旧未能立新,一直处于"边缘化"状态。在中国现代文化未能形成自己体系的情况下,人们总是习惯性地接受西方强势文化的影响,自觉不自觉地把西方的价值取向和评价标准当作我们的取向和标准。以建筑论:我们的教育体系源自西方,从布扎、包豪斯开始,中国的建筑教育一直未脱西方的"窠臼";而形形色色的西方现代理论,总是在第一时间被引入中国,而且理所当然地被奉为"经典"。通过西方已有的学术视角,反过来再形成对中国的看法,已经成为中国建筑理论研究中的一种惯性思维。在建筑设计领域,这种现象表现得更为抢眼。多年来，西方流行什么，这里就流行什么：1980年代流行"后现代"，那时候谁不知道文丘里、格雷夫斯就会被认为"落伍"；从1990年代开始，以SOM、KPF为代表的商业建筑文化开始流行，在建筑物或者渲染图上，到处是格栅、飘板，欧陆风更是全国泛滥；而近几年，扎哈、盖里成为一些人的偶像，非线性、超三维又成了一种时髦……在建筑创作中以他人之新为新已成为我们的惯性思维。但话说回来，西方真的是这样的吗？我看未必，这不过是中国人脑子里的一种想象的现代化图景罢了。譬如，我们往往把玻璃幕墙视为现代化，将非线性、超三维作为21世纪标志，其实西方城市根本没有几座非线性、超三维的建筑，玻璃幕墙的高楼一个城市也许有那么几座，却不像我们这儿整条马路都是那种亮闪闪的东西。去欧洲看看，城市的主要风貌还是一两百年以前的老建筑。虽然纽约曼哈顿的高楼很密集，但很少有亮闪闪的玻璃幕墙，更没有像央视大楼那种奇形怪状的东西。萨义德在《东方主义》一书中指出，西方知识分子有一种想象的东方情调，并按这种想象去理解东方。套用他这个说法，中国的官员和建筑师脑子里也有一种想象的西方情调，那就是所谓的"贪大求洋"。而这个"洋"字并不是货真价实的洋货，只是我们臆想的东西，是我们现代化进程中一种浮躁心态的体现，是价值观出了问题。

　　那么我们是不是应该学习西方的文化？我的回答是肯定的。自上世纪初至今，西方建筑也在不断演变，既有片面狂悖，也有不断调整的自我补偿。有益的经验往往存在于那些观点完全相反的流派之中。我们不应该被一时、一派所局限，而应该用历史的、全面的眼光去看问题，不仅要研究形形色色的西方建筑思潮的兴衰得失，还要关注它的发展走向，这对于建构我们自己的理论体系十分重要。

采访者：在当前的建筑设计领域，有不少建筑师是通过回溯传统来探寻中国建筑文化的。但是另一方面，"传统"与"文脉"也可能是一柄双刃剑，在给建筑师提供了思维轨迹的同时，也往往容易形成一种束缚。甚至还存在一种极端做法，将"传统"作为一种形式符号来使用，形成了一种非常程式化的套路。能否请您谈谈，你是如何理解与处理"传统"与"现代"关系的？

程泰宁：我看，没人有能够拒绝传统。你看20世纪初期西方就有人打着未来主义的幌子"反传统"了。如果可以拒绝传统，100年后的库哈斯就不需要再讲拒绝传统，安德鲁也不需要讲"我就是要割裂传统"了。

当然，由于各方面原因，中国建筑师所背负的"传统"的担子比西方建筑师沉重得多，所以有人说，中国建筑师是在传统与现代之间"挣扎"。但这个问题，我较早就想清楚了。我认为，这与我们对"传统"的理解有关。"传统"与"现代"是两个完全不同的时空概念与文化概念。我的理解是，传统将会随着时代和社会的发展而延续，但是，"传统"一旦与现代社会发展相契合，它就会升华为一种新的文化。中国现代文化必然植根传统，但又全然不同于传统。拿建筑来说，如果脱离现代人的生活方式、生产方式，特别是现代人的审美取向，笼统地讲传统，是没有任何意义的。

那么怎么来继承"传统"呢？我个人不太赞成将传统作为一种形式符号来使用。我觉得，对传统应该有一个由表及里的多层次理解，由"形"（形式）及"意"（意境、意念），再到"理"（哲理）。

形式、符号不能说不重要，但因为它和一个时代的技术发展水平、特别是人的审美取向联系非常密切，时代在变化，你再搬用旧的形式，就不合时宜了。这就是为什么20世纪50年代批判"大屋顶"，80年代北京为了"夺回古都风貌"弄了一批的"小亭子"遭到诟病的根本原因。所以，我们如果对传统的认识停留在"形式"的层面上，就会对我们的创作带来挥之不去的困扰。而"意"是无形的，它给建筑师打开了广阔的想象空间，特别是对中国建筑师来说，可说是一种"优势"。在做黄龙饭店、战俘馆等很多项目的时候，我都把意境营造放在很重要的位置。但最重要的是"理"，一种中国文化精神，包括我们的认知模式、价值判断标准等，这是最重要的。听起来，这似乎很抽象，但它却最重要。所以我一直很赞成冯友兰先生对于传统要采用"抽象继承"的观点。举一个例子，杭州黄龙饭店的设计之所以在设计评选中能够赢了境外（国外）建筑师，不在于它的形式，更不是建筑师对现代宾馆的设计经验比人家多，最主要的就是因为我们淡化了建筑本体意识，从环境整体思考，留出"空白"，注意城市与宝石山自然景观的相互渗透，追求建筑与环境整体气韵的连贯，这就是一种追求自然整体的中国文化精神。我做浙江美术馆、中国海盐博物馆也是从环境整体考虑出发的。我认为，虽然它们的形式差异很大，但都是中国传统在现代语境下的解读。多年来，我确实是朝这个方面努力的。

采访者：那么，中西结合是否也是种思路？譬如，吕彦直当年做的中山陵，在当时能否说是一种成功范例？

程泰宁：中西结合当然是一条思路。但中、西应该有机结合，而不是简单的相加。从20世纪20年代到50年代，中国建筑走的就是中、西建筑形式简单相加的路子。您知道，那种中西合璧的"大屋顶"最早就是西方建筑师在中国的本土化实践。吕彦直原来是美国建筑师墨菲（Henry Murphy）的助手，墨菲做金陵大学和燕京大学的设计他都参与了。他做中山陵，其实还是墨菲做中式建筑的路子。西方的新古典主义+中国的民族形式，算是"西体中用"吧。当然，吕彦直是一个很有才华的建筑师，有很好的形式感，在那个年代，能做成中山陵这样水平的建筑作品，可说是非常成功了。但中山陵毕竟是一个重形式感的纪念建筑，没有复杂的功能要求，后来他做广州中山纪念堂，把一个有现代功能要求的会堂硬塞在传统的八角攒尖的重檐屋顶里就很不成功了。这种手法一直到五十年代也还有人采用。事实证明，这种古洋拼凑的路子是走不通的，它和现代功能、现代的生产方式和现代人的审美趣味是"间离"的。所以说，中山陵是一件成功的作品，但它成不了范例。

采访者： 贝聿铭先生是世界著名的建筑师，您怎么看他的建筑作品，尤其是他在中国完成的香山饭店与苏州博物馆？

程泰宁： 作为中国建筑师，我很尊重贝先生。因为他用东馆、大气中心这样的建筑作品证明，中国人并不是天生缺乏开拓创新精神的。第一次去东馆和罗浮宫金字塔，确实感到一种震撼，深深为这位世界级大师的造诣和品位所折服。但对于他在中国做的两件作品，我并不认为有多么精彩，更没有看出它对中国现代建筑的发展有什么"启示性"。从本质上看，他的经历决定他已经是一位西方建筑师了。香山饭店的平面和空间——包括庭院空间，并不是中国的，在立面上用黑色线条来表达中国传统建筑的意味，也显得浅薄了些。而苏州博物馆，由于他的坚持，一定要选址在拙政园旁边，也许从一开始就有点失策。尽管他为了和传统园林取得协调，压缩并分散了建筑体量，但实际效果仍显得尺度偏大，但由此却带来了展厅面积偏小和参观流线的"动"与"静"相互干扰等一系列功能上的问题。苏州博物馆建筑的平面布置，也还是他所熟悉的、一贯采用的西方的几何构成手法，缺少点中国传统园林自然灵动的韵味。只是精彩的建筑细部和庭院的绿化配置，多少消解了人们对大师的质疑，也不忍心对这位身居国外，但仍然念念不忘报效故乡的贝聿铭先生多作评论了。

采访者：近代以来，中国一直处在一个学习西方的过程中，中国当代建筑的发展亦是如此。但是近年来，中国建筑界有人指出可以"不经过西方直接达到我们自己的现代性"，您是否认同这样一种观点？

程泰宁：这实际上是一个关于如何处理传统文化和外来文化之间关系的问题。就我而言，我很赞同一些学者提出的观点，在当下，"中国文化更新的希望就在于深入理解西方思想的来龙去脉，并在此基础上重新理解自己"（乐黛云、［法］阿兰·李比雄："［跨文化对话 4］"卷首语）。

中国文化需要自觉自信，但这并不是要把自己重新封闭起来。我一直认为："在横向交流中突破、在横向比较中发展，是中国现代建筑发展过程中不可逾越的阶段。"立足自己，通过跨文化对话，在全球化语境下对中、西文化进行比较和解读，是中国现代建筑设计及理论实现突破创新的重要途径。

1993年大陆建筑师代表团首次访问台湾，在桃园机场受到台湾同行热烈欢迎

  这在历史中已经无数次地被证实了：汉朝时的佛教引入，到唐朝时的对外开放，与西域的通商，使得中国文化达到了很高的高度。而到后来的明清时期，随着海禁和闭关锁国的进行，使得文化发展开始走下坡路。你看当代中国绘画的发展势头很好，但当初如果没有西方绘画的介入，要取得突破是很困难的。比如张大千先生的作品，我觉得其后期的作品比前期好很多，这和他在国外的游学经历密切相关。

  世界文化已经出现了跨文化发展的趋势。跨文化对话不是要追赶潮流，也不是基于后现代设计语言在中国语境中将中国传统建筑元素进行了符号化重组的转译，而是通过不同文化之间的深层对话，建立对建筑学更全面的认识，以更为理性和客观的态度来认识建筑创作的问题。在当代，不论是西方文化还是中国文化都正面临整合重构，我认为在这个变化过程中，中西方文化是能够互补的。比如西方文化重分析，中国文化讲综合；西方文化重个体个性，中国文化讲整体和谐；西方文化说"语言"是第一位的，中国文化说境界是哲学和美学的本质追求；西方文化说"只有形式的新奇，艺才有生命力",强调"眼前一亮",中国文化含蓄内敛、以境传情的审美理想可能更有持久的艺术感染力……在创作中,我们既要了解别人,也要了解自己。建筑是在大文化背景下创作的,建筑师需要有大局观、大视角才能看得全面、看得透彻,才能在创作中游刃有余。尽管西方建筑中也有不少哗众取宠、浅薄庸俗之作,我们应该将其之中的大多数可取之处吸纳进现代中国的建筑体系。作为中国的建筑师,我认为一味坚持狭隘的"中国文化"会阻碍社会的发展。

我始终认为,发扬传统也好,引进外来文化也好,都是手段,而非目的,最后都要回到根本上看问题。我们可以以建筑实践为基础,打破"现代"和"西方"、"传统"和"中国"之间的对应关系,通过比较思考找出中西方建筑文化在哲学、美学中的某些差异,由点及面,深入思考,取长补短,在跨文化比较交流中建构自己的现代文明。我想这是中国现代建筑设计及理论实现突破创新不可逾越的阶段。

采访者:您能更深一步谈谈对中、西方文化发展,以及它们之间相互关系的理解吗?

程泰宁:我认为无论是对中国文化还是西方文化的发展都需要动态、全面地去理解。在历史上,中西方文化有着极不相同的发展历程。从中国文化的发展历史来看,"天不变道亦不变"的传统思想的确曾严重阻滞了宋元直至近代的中国社会发展,但也应该看到,中国传统文化本身是一个多元走向动态发展的复杂系统,梁启超先生所说"孔北老南,对垒互峙,九流十家,继轨并作"的生动活泼的文化局面,也曾经造就了汉唐盛世,在悠长的中国文化发展过程中,更是产生了世界文化史上极为丰富、极具活力的哲学思想,这些思想至今仍然闪现它智慧的火花,给世界科技及文艺创新(包括建筑创新)以重要启迪。日本第一位诺贝尔物理奖得主汤川秀树先生曾在《创造力与直觉》一书中专门论述了东方思维——直觉对科技创新的特殊作用,并以很大篇幅阐述庄子的思想对他的研究所产生的重大影响。我常说:现在很多人欣赏西方建筑师的创造能力,其实这种创造力也并非西方人所独有,两千多年前庄子的"逍遥游"所表现出来的天马行空般的创造性思维不仅使中国人,也使现代西方人惊叹不止;当达文西还在研究透视、伦勃朗还在为光影效果苦苦探索的时候,青藤、八大山人已经超越时空,把人们引入了无限广阔的心灵世界。实践证明:只要我们调整心态,从创作实际出发,并在现代语境下对中国传统文化进行深度发掘,我们将能找到过去从未发现的思想闪光点,为我们构建新的中国现代文化提供有力的支撑。只看到中国传统文化消极的一面、低估以至否定其文化价值是片面的,也是不智的。

哈佛大学的张光直教授就曾经预言:人文科学的21世纪应该是中国的世纪。这个依据就是张光直所说的中国文明积累了一笔最庞大的文化本钱。按照他的看法,这笔文化资本尚未被现代中国人好好利用过。因为近百年来的中国人基本上是用西方一时一地的理论与观点去看世界,甚至想当然地以为西方的理论观点都具有普世性。但是,一旦我们跳出一切成见的圈子,倒转过来以中国文明的视野去看世界,那么中国文明积累的这笔庞大的文化资本就会发挥出巨大的潜力。

反观西方,在度过了中世纪的黑暗时期以后,经历了文艺复兴、现代思想的启蒙运动，到了近代，开始形成了"以分析为基础、以人为中心"的先进的西方现代文化。它推动了西方社会的快速发展，也极大地影响了世界文化的走向。但是，我们应该清醒地看到，历史上没有一种文化能够永远对社会发展起到促进作用。"以分析为基础"，是否还应该强调"综合"？"以人为中心"，走过了头是否会造成人与自然的对立，影响可持续发展？造成人对物质的无止境追求带来诸多社会矛盾？西方社会经历了百年来的发展，这些问题实际已经明显地暴露出来。对于这些问题，中西方学者都在严肃的思考，包括西方的不少学者已经有所认识。

应该看到，在21世纪的今天，东西方文化正在重构，中国正面临一次新的文艺复兴的历史性机遇，如果能够在这样一个大背景下来思考中国现代建筑的现状和未来发展，就会走出迷失，使我们有一个更为开阔的视野，从而帮助我们找到明确的创作方向，在国内以及国际舞台上，争取自己的话语权。

采访者：建筑常常被拿来与其他文化艺术进行比较。近年来，中国的文化艺术领域中出现了不少好的作品。您认为这对于中国建筑的发展是否具有一种促动作用？

程泰宁：我认为与其他艺术领域相比，建筑发展可能存在相对滞后的情况。这与建筑的物质属性有关。画家与作家都可以自己决定自己的题材与表达方式方法，但是建筑不行。建筑不经过一定的程序，没有经过审批是无法建造的。建筑也并不完全是表达建筑师自己的东西，它要考虑使用者的看法。这可能是建筑与其他艺术门类相比，没有那么直接、敏感，相对滞后的原因吧。

我非常赞同从其他文化领域的发展经验中吸收养分。比如现在大家都在讨论如何将"中国"和"现代"结合起来，用现代的方式把中国的东西呈现出来的问题。我觉得这可以从艺术领域得到借鉴，使作品既体现出鲜明的现代意识，又保持了中国传统的美学风貌。比如吴冠中的绘画，谭盾的音乐，杨丽萍、林怀民的舞蹈等。举一个例子，现在林怀民的"云门舞集"在世界上有很大影响力，我觉得这与他对中国文化的独到理解有关系。林怀民原来是跳芭蕾舞的，但总是觉得自己跳不过人家。为什么？西方人手长脚长，体型好，本就适合源自于西方的芭蕾舞。如果按西方人的路子走，来表达很舒展、很张扬的东西，肯定是比不过他们的；他认为中国人有自己的体型特点，应该有自己的文化表达方式，干嘛非要照搬别人的模式，于是他在舞蹈中糅合进了太极拳中气沉丹田下蹲的姿势，用来表达一种文化精神，一种意境。后来林怀民又结合中国书法编排了一组舞蹈，把后面的白墙处理成宣纸一般的背景，跳舞的时候就像是在写书法一样，起转承合，很有一番韵味。我觉得，林怀民的成功就在于他结合了中国文化、中国人体型的特点，创造一种能够表达传统文化中"精、气、神"的舞蹈形式。同时他在舞台布景上又加入了现代最新的声光电技术，更好地突出了他想要表达的主题。我觉得林怀民的经验与道路，用现代技术的手段来表达中国文化的特点，同样也是适合建筑领域的，值得我们建筑师深思。

采访者：有句话说"他山之石，可以攻玉"，同处于东亚的日本常常被拿来与中国进行比较。您是怎么看日本现代建筑的发展历程的，您认为它对于中国建筑的发展有哪些可供借鉴的地方？

程泰宁：对我们来说，日本现代建筑是一个很有借鉴意义的例子，他们的思考方式和我们很接近。在历史上，日本深受中国文化的影响。不论是文字，还是儒学，或是建筑都是如此。明治维新后，日本脱亚入欧，从政治体制到经济模式很快就"西方化"了。

日本现代建筑正是在这样的氛围之中产生出来的。应该说，日本的现代建筑既很好地继承了日本传统文化的独特性，又解决了传统与现代关系，最终取得了很大的成就。在明治维新后到"二战"以前的很长一段时期，日本的建筑界一直在提"和魂洋才"的口号。这和我们当时提"中体西用"实际上是非常相似的。二战后至今，日本的建筑学界涌现出了不少世界级的建筑师，像丹下健三、槇文彦、黑川纪章、安藤忠雄、伊东丰雄、妹岛和世等等。他（她）们都将现代建筑结合日本的传统文化，创造出立足本地而不失现代性的，属于其自己的文化。丹下健三认为"传统是通过对自身的缺点进行挑战和对其内在的连续统一性进行追踪而发展起来的"。你看丹下健三的作品，特别是他的高峰期作品，如代代木体育馆、香川县厅舍等，既有日本味又有现代感而槇文彦主张的"奥"——空间的层次感，黑川纪章所谓的"缘"——灰空间，都是从日本传统建筑中抽象出来的。安藤忠雄为什么厉害，就是因为他把现代建筑的几何构成和日本的"禅"文化这两样看来很难结合的东西结合起来了。这几位为什么能得到世界的承认，照我看，都和他们的"日本特色"有关。把这几位代表人物看成一个体系，"装在一个箩筐里"，我看也未为不可。

日本毕竟是一个西方国家，在政治、经济和文化之间如何平衡发展，日本文化、包括建筑文化，今后的发展趋势如何，目前很难

1993年访问美国田纳西州首府纳什维尔市与该市市长合影

判断。但我相信，世界文化将来一定是多元的。一切好的东西也一定会以不同方式传承下来。

至于伊东丰雄、妹岛和世以及比他（她）们更年轻的建筑师，和刚刚提到的几位确实有些不同，但这也是文化多元化的一个体现。这几位日本建筑师为什么能得到世界的承认？照我看是和他们作品中呈现出来的"日本特色"有关。

日本文化一直对日本当代社会有着深远影响。这不仅体现在建筑上，也体现在其他方面。文学上的川端康成，绘画方面的东山魁夷、平山郁夫就是其中的例子。看他们的作品，可以感受到很浓的日本味道。从我们邻国日本的例子中可以看出来，日本成功地从传统社会转型到现代社会，较好地处理了建筑上继承与创新的关系。其在继承传统文化的基础上，开拓出一条属于自己的建筑道路。

采访者：您怎么看近年来中国建筑设计领域中一些实验性的前卫探索？

程泰宁：关于你说的实验性前卫设计，我以前曾经谈过，如果

1994年与境外同行在一起（右二）

"前卫"指的是思想超前的话，那么，每一个建筑师都应该争取"前卫"。但如果前卫的意思是"另类"，是"非主流"，那岂不是自我边缘化了？我愿意把这类设计看作是对现状（包括中国的和西方的）的不满和抵制，但这是不够的，我们还需要用自己的作品正面回答当前建筑创作存在的问题，建立自己的主流价值观。

至于现在有一些中青年建筑师在西藏、云南、汶川震区所进行的探索和实验，大家都是非常关注。他们利用当地材料、技术把乡土建筑和地域文化、现代手法结合起来的尝试，已经取得了很好的效果。他们的实验告诉我们，作为建筑师，应该关注中国广大的、经济比较落后的地区，而且在那里，远离了权力和商业的负面影响，建筑师反而能做出有创意的作品来，这些经验很可贵。但我也不得不说，面对大规模的城市化建设，它们的实验本身，仍然有一定局限性。

采访者：您欣赏什么样的中国建筑呢？能具体举几个例子吗？

程泰宁：很多外国人把故宫、苏州园林看成中国传统建筑的代表，其实用我理解的中国文化精神来看，它们都不算特别典型，也许从传统民居，包括从浙江、湘西、四川等地的民居中能找到更具"中国气质"的东西。它们的建筑空间形式都是因环境、功能以及人们特有的审美理想而自然生成的，我很喜欢绍兴"青藤书屋"里屋的那副楹联，上联是"三间东倒西歪屋"，下联是"一个南腔北调人"，横批是"一尘不到"，很能表达徐渭那种愤世嫉俗的心态，是人、建筑与一种文化精神的统一，是否还很有点禅意？

环境观／整体思维

采访者：虽然您的作品看上去变化还是蛮大的，但似乎有一条"隐形的线"将您各个时期的作品都"串了起来"，您能就此作一些阐述吗？

程泰宁：确实很多人都说过我没有一个固定的风格。最近在一次学术讲座上，一位同行也说我"善变"。但是在我看来，变化是必然的。工程对象不同、周围环境不同、技术和经济条件不同，特别是文化背景不同，时代也是在变，做出的建筑自然也会有所区别。每一个项目都有它的"唯一性"。前两年我提出建筑要"立足此时、立足此地、立足自己"，就是这个意思。我希望我的作品是自己对于"此时"、"此地"的诠释。你怎么能把加纳国家剧院和宁夏大剧院，绍兴鲁迅纪念馆和战俘馆，浙江美术馆和南京博物院做成一样呢？即使是同在杭州的两个住宅项目——"金都华府"和"城市芯宇"也由于所处的地段不同，它们的形式风格也不应一样。设计手法的变化，也会带来形式的变化。坦率说,在手法的运用上,早在 80 年代我就公开提出了"无今无古,无中无外,能入能出,能放能收"的观点。融合中外古今,一切皆为我用。我觉得拘泥于某一种形式、手法,或像某些西方建筑师那样追求一种"稳定手法",我很难理解和认同。

形式一定是要变的,但万变不离其宗,这个"宗"就是我的自己的创作理念或者说是理论体系——"三个合一",这在前面已经谈过,即"天人合一"、"理象合一"、"情景合一"。当然这个体系必须靠创造实践来支撑。我一直认为,我设计的建筑的形式虽然变化较多,但这些形式和我的创作思路都是可以相互诠释的。

采访者:您刚才多次强调建筑与环境之间的关系,这是建筑设计必须思考的一个重要问题。请您谈谈您对这一问题的认识。

程泰宁:是的,我做设计的时候一直强调建筑与环境的结合。在我看来,影响建筑设计的因素很多,但对我而言环境最为重要。

我认为,所谓环境包括两个方面——一个是物质环境,一个是精神环境。建筑并不是孤立的,它是相互联系的世间万物中的一个元素。我们做设计时,应该把它放在整体大环境中进行观照、考量。历史与现代、建筑与自然是相互联系的。建筑景观、城市景观以至大地景观是一个密不可分的整体,建筑作为环境的组成部分——建筑的空间、形体、材料与构造等都应该归置到与环境的相互关系中去思考。这种整体性的思维与中国人天人合一、道法自然的思想是一脉相承的,老子就曾说过"道法自然、道生万物"。这种从联系出发,重综合、重整体的认知模式就成了中国文化的一大特色。基于此,我试图建构一种超出建筑单体的自然有机、宏观整体的建筑观。

浙江耀江大酒店

我想这样一种建筑观既能适应现实需要,又是符合东方文化精神的。

中国传统的自然观可以说是中国建筑师与生俱来的优势。举个例子,杭州黄龙饭店的设计之所以在设计评选中能够胜出境外建筑师。不在于它的形式,更不是我们对现代宾馆的设计经验比人家多。最主要的原因是我们淡化了建筑本体意识,从环境整体思考,留出"空白"。我们注意城市与宝石山自然景观的相互渗透,追求建筑与环境整体气韵的连贯,这就是一种追求自然整体的中国文化精神。我的其他作品如浙江美术馆、中国海盐博物馆等也是从环境整体考虑出发的。所有这些想法和做法,都是想淡化建筑的主体意识,以一种自然有机、宏观整体的思路来进行建筑单体的设计。这是一种工作思路,也是一种对建筑的认知模式,一种包含了"天人合一"理念的建筑观。

采访者:您的这种强调建筑与环境和谐共生关系的建筑观,可不可以理解成一种具有普适性的东西?

程泰宁：的确是这样。现在很多的西方建筑师主张建筑的主体意识和张扬个性，有意无意地忽略了建筑与环境融合。特别是最近几十年，有很多所谓前卫建筑师完全不考虑这一点。我认为设计师在中国做设计，首先需要考虑的是中国的文化。而中国的文化实际上就是精神环境。比如安德鲁做的国家大剧院与天安门的物质环境并不和谐，他宣称要切断跟历史的配合，要做出创新。类似的例子还有很多，库哈斯的CCTV大楼和斯蒂文·霍尔的北京当代MOMA等也属于此类。这种现象的产生的原因有时不只是建筑师想突出自己，在一定程度上还代表了业主的某种诉求。然而，过于突出个性的后果就是城市环境遭到破坏。现代社会发展到今天，人跟自然的矛盾已经非常尖锐了。由于人类对自然的无节制索取，出现了温室效应、资源短缺等环境问题。这些事实都表明，面对新的生态危机，再不能以西方过去那种强调人征服自然，突出建筑单体的观念来考虑问题。

现在大家需要考虑的是人怎么才能跟自然和谐发展的问题。而中国传统文化中强调的整体思维、关系思维恰好是调和这一矛盾的有效方法——其注重人与自然互相协调，走可持续发展的道路。因此，我认为建筑与环境是否协调应该是我们建筑价值观判断的重要衡量标准。如果不能够协调，代表你的方向错了；如果能够协调，说明你的设计思想是正确的。从某种意义上来说，我觉得中国文化中强调"建筑与环境的关系"的观念在当下人与自然矛盾日益尖锐的今天是具有现实、普适意义的。

采访者：从您刚才提到的环境观与整体性思维中，能感觉到您

1994年介绍包头阿尔丁广场方案

的建筑思想深受中国传统哲学的影响,您能不能结合建筑谈谈中西方思维模式各自有何特点?

程泰宁: 中西方的思维模式有着很大的不同。西方哲学的特点是注重理性与分析,在研究一个具体事物时,总是将它从错综复杂的联系中分离出来,独立地进行考察。这种以系统论为基础的方法在分析简单对象时候常常是有效的,但是在面对建筑学这种复杂系统的时候,常常使得研究者因为陷于研究对象的某个局部,忽视其与周围其他事物,以及更大的整体之间的关系,从而导致对问题认识上的偏差。与西方哲学不同,中国的思维重在综合,注重事物的整体结构与相互关系。在研究任何具体事物时,中国思维总是强调整体意识,把个体放到一个更大的环境之中进行考察。

而正是这种思维方式上的差异,造成了中国建筑与西方建筑的不同。大家可能看得到,西方的建筑更强调本体,关注建筑单体怎么做得好?怎么做得很美?因此,很早就开始讲究形式和规则。我们平常说的中轴、对称、三段式、平衡、对位和黄金分割率就是西方建筑讲究规则的体现。而中国建筑则不然。中国从古代开始,就没有过分讲究建筑的比例尺度。这里需要讲明的是,中国建筑不强调形式,但有自己的法式。那我们强调什么呢？我们更加看重"天地人"之间的关系，强调人、建筑和自然环境的契合。中国古代造房子，特别是营造那些重要的建筑时，设计者都会将建筑放入环境之中去考量，将建筑跟环境中的各要素联系起来看，反复推敲它们之间的相互关系。所谓"风水"、《周易》等实际上都是在讲建筑与自然，与天地之间的关系。虽然这里面有一些封建迷信的内容，但很明显，它不是把建筑作为一个孤立的东西来看。在这里，我们可以看到中国文化对于建筑，也包括人生的一种终极追求，这就是整体、和谐。

境界／哲学思辨

采访者：您曾经说过，一个好的建筑作品，背后一定是有哲学、美学思想作支撑的，您能就这个问题谈一谈吗？

程泰宁：这的确是我一直以来的一个观点。建筑创新，是很多建筑师的愿望。但从整体情况看，中国建筑师距离这个愿望似乎有点遥远。原因是多方面的，但需要承认的是，长期以来我们的建筑创作一直缺少自己的哲学和美学思考可能也是一个重要的原因。

经历了传统文化的断裂，多年来，中国文化包括中国建筑文化一直处在西方文化的强势影响之下，从正面说，西方文化极大地推动了中国现代建筑的发展；从负面讲，在自身文化空白的情况下，我们的建筑理论和创作理念一直被西方所裹挟，也是一个不争的客观事实。过去我们虽然也倡导过"民族形式"、"社会主义建筑新风格"等，但由于缺乏自身的文化价值体系支撑，只是以形式语言反形式语言，以民粹主义反外来文化，其结果，只能停留在表面上无疾而终。

显然，在当代语境下重新建构中国自己的文化价值体系需要一个漫长的过程，但这不是我们回避问题的理由。为了让我们能够更自觉地走一条自己的创作之路，同时也为建构这一理论体系添上一砖片瓦，我们是否可以以创作实践为基础，通过比较和思考，找出东西方建筑文化在哲学、美学层面上的某些差异，由点及面，深入思考，取长弃短，转换提升，逐步建立我们的理论支撑。我想，这是完全可能的。

采访者：那么您能进一步谈谈，东、西方哲学与美学与当代建筑之间的关系吗？

程泰宁：在西方，20世纪是语言哲学的天下。维特根斯坦把哲学归结为句法研究、语义分析，说"语言是我们的界限"；海德格尔说"语言是存在之家"；保罗·克利干脆说"人即语言"。了解了西方这样的哲学背景，我们会很自然地想到，西方现代建筑是否在一定程度上也是"语言"的天下，耳熟能详的像"符号学语言"、"类型学语言"、"亚历山大模式语言"以至最新的"数字语言"、"参数化语言"等，事实上这些建筑"语言"都可看作是西方语言哲学的滥觞。经过多年来在全球背景下的交流浸染，西方现当代的这些"建筑语言"也已深深地扎根到我们的建筑教育、建筑理论和建筑创作中：符号、建构（解构）、模式语言、几何逻辑以及非线性语言等，在不经意间，已经成为我们在创作中最常用到的词语。

对于这种现象应该如何看？我在一篇文章中曾经提到，尽管这些"语言"包含某种语义，但由于"语言"本身忽视人的文化心理和情感，又无法令人信服地解释和反映建筑创作机制的实际，因而这些"语言"常常是在流行一段时间后光环渐失。特别是以"语言"作为建筑本体，极易产生"形式主义"的倾向。事实上，从20世纪下半叶开始，以"语言"为本体的哲学认知与后工业社会文明相结合，西方建筑出现了一种从追求"本原"，逐步转而追求以视觉冲击为特征的"图像化"语言倾向。有的西方建筑师脱离所在环境、罔顾文化背景以一种"风格化"、"程式化"的语言在世界各地推销他们的作品。我们难以想象，毕尔巴鄂、拉斯维加斯、泉州以至北京的美术馆竟可以用同一种程式化语言表达。对于中国建筑师来说，我们在"欣赏"这些作品的同时是否也需要思考，这类建筑的流行和当前社会以及哲学、美学背景有什么联系？这种以"语言"为本体的哲学认知是否有它的局限并可能对我们产生误导？尤其是：我们能否突破"语言"的藩篱在建筑理论和实践中另辟蹊径？

实际上，自近代始，有很多学者把境界、意境作为一种范畴进行研究，试图建构有中国特色的美学以至哲学体系。虽然由于建筑学具有双重性，我们不能不加区别地把建筑和其他文艺领域等量齐观。但是，相对于以分析为基础，以"语言"为本体的西方建筑文化，我们可否建构以整合性思维模式为基础，以境界为本体，具有中国文化特征的理念，作为我们创作的哲学和美学支撑？我觉得这是可能的。

相对西方对"语言"的重视，中国传统文化所说的"大美不言"、"天何言哉"，表达了一种完全不同的认识。与表述性的"语言"相比较，中国文化可能更关注客观世界在人内心的反映。从关注"以

1996年在深圳建筑师杯评选上
左起钟训正、戴复东、程泰宁、蔡镇钰、卢济成、齐康、王伯扬

境传情"、"情溢象外"的意境营造,进而关注万事万物(包括建筑)与自然和人的关系,思考和探索物质世界和心灵世界高度契合的"意境两忘、物我一体"的"天人境界"。以"境"为本体,摆脱了"分析哲学"和单向逻辑思维模式的影响,转而探求物质世界—环境、功能、语言建构与心灵世界—文化心理、意境营造等多个因素、多个范畴的自然契合,这是一个由美学层面进而到对本体的哲学层面的思考,是建筑创作的最高境界。在这一思辨中,"语言"是载体,是第二位的,而"境界,本也"。这一极具中国特色的哲学思辨将能"走出语言",特别是程式化、图像化语言的桎梏,引导我们进入一个无限开阔的创作空间。

采访者:您刚才提到的"境界",确实是有中国特色的一种美学与哲学范畴。那么您能不能谈谈,您在这种哲学思想指引下对建筑设计的思考呢?

程泰宁:创作"中国的"同时又是"当代的"建筑,是我个人的一种追求,也是我不断思考的问题。我把我个人的创作理念概括为"三个合一",即"天人合一"、"理象合一"、"情景合一"。"天人合一"是我试图建构的一种建筑观,"理象合一"则是一种方法论与认识论,"情景合一"是我的审美方式和审美理想。这"三个合一"是我在长期的建筑创作实践中,也在长期对东西方文化的思考和比较中,逐步形成的。我将其视为是我个人在探索中国当代建筑中的一点心得。现在将其梳理出来,不仅仅是为了阐释自己的建筑,也是希望为中国当代建筑的发展作一点理论贡献。"不积跬步,无以至千里",我想每个人都将自己的一点思考拿出来分享,中国建筑的发展一定会更明朗。

"天人合一"是一个在学术讨论中被人们引用很多的命题,歧义很多,常常引人误解。我认为不需要执一人一派的认识去对"天人合一"的理念作绝对的肯定和否定,而是需要结合实际,认真地对它进行研究、开发,在现代化语境中进行解读,这对我们的建筑创作有重要意义。"天人合一"简单地讲就是古代人们对宇宙的认知模式,即天地万物之间存在着一种内在的、自然和谐的关系。世界万物,包括建筑在内,从表面上看是相互独立的个体,而事实上,它们之间有着内在有机的整体联系。从这种联系出发,重综合、重整体的认知模式就成了东方文化的一大特色,这和西方文化重个体、重分析显然不同。我认为可以从"天人合一"这一命题出发,结合现代理念和创作实践,建构一种自然有机、宏观整体的建筑观—自然建筑观。这种建筑观就是把建筑放在自然中,同时放在整体大环境(包括物质环境和精神环境)中进行观照、考量。既讲分析、更重综合、追求自然和谐;既讲个体、更重整体、追求有机统一。在创作中,历史与现代、建筑与自然是相互联系的,建筑景观、城市景观以至大

杭州金都华府居住小区——庭院景观

地景观则是一个密不可分的整体。我想这样一种建筑观既能适应现实需要，又是符合东方文化精神的。

"理象合一"的理，是指理性；象，则是指意象。意象生成包括了非理性的因素，所以"理象合一"也可以说是理性和非理性的合一。"理象合一"既是一种方法论（建筑创作的方法论），也可以看成是对建筑的一种认识论。说它是方法论是因为，建筑创作的过程，是理性思考与意象生成相交织、相匹配、相复合的过程。一方面，影响建筑创作的因素很复杂，在这些因素之间，例如环境与建筑、功能与形式、技术与经济等等之间并不一定遵循一种由此及彼或非此即彼的逻辑形式。越是复杂的工程，各种因素之间的制约关系越是出现一种不确定的状态，对于它们这种动态的网络状的联系，往往无法用理性的逻辑思维去认识，而非理性的直觉却能够帮助我们对它们之间的关系做出整体而形象的判断，特别是在理性思考与意象生成相复合的过程中，能激发我们"一道闪光"似的找到创作的切入点和契机，从而构思和方案的轮廓逐渐清晰起来。由于每一个人的素养不同、切入点不同，构思和方案的特点自然也不同，这也

浙江大学新校区第三组团

正是建筑作品能够千变万化而不应是千篇一律的基本原因。另一方面，我们如果仔细体察自己的建筑创作过程就会发现，在创作开始时，理性思考和意象生成往往是分离的，甚至是互相排斥的，一个完美的创作过程，往往就是理性思考和非理性的意象相互排斥、相互作用、最后相互融合的过程。深入的理性思考，常常能唤醒非理性的意象，而非理性的意象出现，又往往使理性思考得以深化，从加纳国家剧院、黄龙饭店、杭州火车站以及浙江美术馆等项目的设计中，我对此深有体会。而说理象合一是一种"认识论"，是因为建筑具有多义性、模糊性和限时性。我们很难用一个简单的词组来概括建筑的本质，也很难用一种定义，或者方针政策去界定它的内容。而我认为，由"理象合一"引申而来的这一特性，正是它和一切产品、商品，和其他一切艺术形式——例如雕塑、装置艺术、舞台布景以至门面装潢的区别所在，但同时也是它的价值和魅力所在。和一般工业产品不同，建筑是一个时代的人们的生活状态、技术经济、文化精神和建筑师个人素质的载体。但同时又和其他艺术形式不同，它受到客观条件和各物质因素的制约，具有清晰的以理性为基础的内在逻辑性，而不是某些人主观意志的产物。因此，看到那些空间极度浪费、结构极不合理、耗资巨大，而且文化品位低下的剧院、会议中心等等，真不知道是否应该把它称作建筑，还是干脆把它们归入装置艺术、甚至是舞台布景一类，但这样一来，建筑学的价值和魅力也就完全丧失了。

我将"情景合一"视为我的审美理想。在一切艺术审美活动中，都包括主、客观两个方面。属于客观的是形、景、境，而属于主观的则为神、为情、为意。在中国传统文化的多个流派中，对这两个方面论述各有侧重，就建筑创作而言，我主张情景合一、形神兼备，这是一种具有东方文化精神的审美境界，也是我对建筑的评价标准和审美理想。如果说西方美学是以"形式"为中心的话，那么，东方美学则是将"形神合一"、"情景交融"所产生的"意境"作为自己审美活动的核心。重要的是，由形式美提升至意境美，提高了建筑审美的层次；由形及神，由情及景，最后创造出了更加丰富、更加深入人们心灵的美的感受，因此，情景交融是一种东方式的，有很高文化品位的审美理想。东西方的有些建筑师，也都在不同程度上对此进行了有益探索，我想作为中国建筑师，这一富于东方特色的审美理想更是我们应该努力追求的。

网络论／通感

采访者：建筑创作是一种具有多义性与模糊性的创造性思维。在建筑设计中常常需要同时面对很多因素，您是如何处理这些不同因素之间的关系的?

程泰宁：对于建筑创作来说，并不存在标准答案，也没有金科玉律。和我们在教科书上看到的不同，建筑创作不仅仅是一个适用、经济、美观的问题；建筑也不仅只包含形式、空间、功能、建构以及意义等要素。在实际创作中，建筑师需要回答的问题及其所涉及的因素可能远比上述这些更为具体、多样。而且这些因素之间并不遵循诸如"内容决定形式"、"形式包容功能"这类单向的逻辑关系；也难以区分哪些属于"基本范畴"或者"派生范畴"。在正常创作中，建筑师所面对的是一个以各种因素为节点的立体构成网络（节点越多，网络越复杂，而创作空间也越大），当我们游走在这个网络之中，思考建筑意象的生成，就会面临一个切入点的选择问题。选择好切入点，不仅可以突出你所试图表达的主题创意，并展示个性，同时更能激活整个网络，使其他种种因素和要求相应地得到体现和满足。但是，一旦我们摒弃了那种单向、固定的思维模式，不拘泥于某种流派或方法，在这个网络中选择何点切入的可能性实在太多了。由于项目的特点不同，特别是由于建筑师个人的哲学思考、气质素养、审美取向的不同，不同的建筑师将会选择不同的切入点，从而对每一个项目作出自己独特的诠释。这种选择的不确定性，打开了"无限"的创作空间，催生出千变万化、"其异如面"的建筑作品来。

比如加纳国家剧院的设计。因为基地是一块三角地形，这对平面布局必然会产生不小影响。在剖面上，舞台、观众厅也有尺寸的要求，这是由功能决定的。但在了解了基本的技术和场地要求后，我在思考如何把设计和当地的文化有机地结合起来。我在看了加纳的雕塑、壁画、舞蹈艺术之后，那种很夸张的艺术形象和神秘的异

1997年在杭州建筑设计研究所

域文化,激发了我的创作激情。我拿了一块橡皮泥,不停地捏。这个过程我觉得很有意思。在思考和随意尝试的过程中我发现这里可能是一个展厅,那里正好可以做舞台。所以说,设计思维过程中考虑的各种因素之间的关系不是单向的,而是网络状的。回到你的问题上面来,像过去政策宣传的所谓"实用第一位,经济第二位,美观第三位"的创作思路,其实是一种单向的思维模式。但建筑创作思维实际上是一个网络结构。因此我做设计不是先画平面再画立面,而是在画平面时已经把立面、空间各方面的因素都考虑到了,用一种整体的思维方式进行综合创造。所以有人看到我的草图后会感到不容易理解,有的时候剖面结合立面画,画立面的时候包含了它的平面,有的时候会用类似于山水画散点透视的方式来描绘建筑。而对我来说,这样的草图正是反映了我自己的思维轨迹。

我认为,"网络论"对于有深厚文化积淀和习惯于整体思维的中国建筑师来说还有着特殊意义。它对提高我们的创作水平、创作有中国特色的建筑作品可能会有意想不到的帮助。通过这种"网络状"的创造机制,能使建筑创作的魅力与价值能够充分显示出来。

1997年"建筑学报"为"当代中国建筑师—程泰宁"举办座谈会

采访者：您常常用一些非建筑的形象或词语来阐释您建筑创作的初始创意，例如"烟雨江南"（浙江美术馆）、"韵"（龙泉青瓷博物馆）、"水上清莲"（李叔同纪念馆）等等。您的这种创作方法，可能会让人联想到后现代的形象隐喻，您是怎么理解这种创作方法的？

程泰宁：我的这种创意方式，并不是所谓的后现代主义提出的形象隐喻，而是基于中国传统艺术中所特有的表现手法——"通感"。在这里，我想稍深入地谈谈"通感"这种手法。中国传统思维和西方思维惯于将事物分为不同名目和范畴，继而再进行关于其内涵和外延的严格定义。它打破了不同事物不可比这种形式逻辑的限制，将类比的方法扩展到了天地万物之间"触类取与，不拘一绪"，这种"援物比类"的表现手法，就是中国艺术所特有的"通感"。

我一直喜欢中国古典诗词、书画，也很喜欢青铜器；同样，西方文艺复兴以来的各个流派艺术家、从米开朗琪罗到马蒂斯我都有所了解；一些现当代西方画家我也能选择性地接受，像达利、米罗等。而且我还很喜欢观察种种自然现象，年轻时我能一个人坐一两个小时看天空云彩的变化，看墙面上的光影变化……我觉得身边的

浙江美术馆

各种事物，对我的创作都是一种"刺激"，给我的创作带来了不少灵感。举个例子，"青铜出水"是晋阳博物馆造型创意的原型；非洲的壁画、雕塑和舞蹈对打开我做加纳国家剧院的思路有决定性的关联；中国的古典诗词、西方的现代雕塑和青瓷博物馆的创意是完全相通的；而对于浙江美术馆的创作而言，其所处的自然环境、文化背景以及作为现代美术馆的性质，这三点给予我设计的灵感。后来，我用三张草图分别表达了我最初的构思：第一幅表达建筑与自然的关系，高低错落，跟山石完全融合。第二幅表达了我对江南地区文化的理解。我做了一个粉墙黛瓦，但又进行了一番变化。第三幅，我画了用钢结构构成的极富雕塑感的物件，参考西方构成雕塑思路融入传统造型中。

通感，对创作来讲即在创作之前对事物的一种感受，关于事物本身的文化、自然条件甚至对意义的了解。我在创作时从来不会为采用何种建筑形式或风格操心。我会用我前面讲的理念去思考每一个项目的不同，思考我应该表达什么？当然，我会为表达这些思想而"调词遣字"。而这些"词"、"字"，不管它是中国的还是外国的，是现代的还是传统的，是建筑的还是非建筑的，我会选择最合适的方式来表达。我还尝试通过抽象、变形、升华的处理手法，创造出既源自于传统，又符合现代审美观念的作品。建筑师要提高自己的创新能力，不仅要看好的建筑，更要从所有其他文艺形式直至万事万物中找灵感，在这种创作状态下，风格和语言已经自然消解、溶化到我的创意和我想表达的意境和氛围之中了。我所说的"通感"并不仅仅是通常指的"感官的互通"，而更是一种创造性的思维活动。当建筑意象来自和建筑完全不同的事物的时候，这种建筑创意可能是最为活跃灵动、最有创造力的。因此，敏感，随时观察和体验世界万事万象是一名建筑师必需具备的素质，是建筑创意的源头，所以，我认为建筑设计的创新，不能就建筑论建筑，一定要越过形态、符号，转化为文化审美。

采访者：建筑设计一般认为是一个理性的过程，但是您刚才提到的"通感"似乎是属于一种非理性思维。您是怎么看待建筑设计中的理性与非理性这两种不同的思维模式的？

程泰宁：在西方，建筑自古以来都被看做科学技术与人文艺术的完美结合。但在康德、叔本华、尼采等哲学家的影响下，西方现代的哲学和美学形成了一个很重要的流派。这个流派讲求意志、自我、自觉，特别注重个体表现。受这一理念影响，在建筑学领域开始强调理性，强调建构，他们认为建筑是建筑，艺术是艺术，不承认建筑具有艺术性。有一部分建筑师用工作模型推敲方案，用形式分析法来说明建筑是怎样产生的。在他们看来，建筑创作是可以像科学研究一样被逻辑分析的。所以现在西方建筑的很多流派，比如从类型学角度的归纳，从符号学角度的解读，从心理学角度的认识，从语言学角度的探索。虽然他们研究的角度和方法各不相同，但都是想突出建筑的科学性，从而证明建筑学是科学。这种倾向在一定程度是有价值的，但是建筑毕竟不是纯科学，如果你把建筑的创作，单纯用科学的模式来分析、推理、建构，必然会受到很多局限，带来很多问题。

和西方相比，中国更强调精神层面的东西。"大象无形"、"大美不言"的哲学思辨赋予了传统绘画、文学，包括建筑以特有的艺术观念。人们已经超越形式美的层次，进而探索意境、氛围和内心体验的表达。虽然中国人的理性精神、科学分析方面确实是有所差距，但中国人对非理性的形象思维更加敏感。我觉得建筑设计是多种因素综合的过程，是理性与非理性的有机统一。在设计中我既反对教条僵化，也反对当下流行的反理性思潮。按照美国学者阿瑞提的说法是，这是人的一种"主观体验"，"人的自发性和独创性的流露。"这和我们中国人常常说的"直觉"、"神思"、"混沌"、"会通"、"灵感"很相近。一名建筑师的素质、修养，文化积淀和对一切外来刺激的敏感性，将对他的创造能力起到决定性的作用。

在我看来，以逻辑思维为特征的理性思考，是建筑创作的基础。建筑师只有在拥有大量素材的基础上，对影响创作的主客观因素——功能、环境、物质技术条件以及文化背景等进行认真的理性思考和分析，才能摆脱固有概念的束缚，进入创造的过程。除理性外，任何创造都包含非理性因素，即潜意识的作用。由潜意识产生的意象、内觉，是建筑创作中最活跃、最富于创造性的因素。正是由于这种非理性因素的作用，使我们能够看到一种"活"的建筑，它不仅体现着某

2003年在美国耶鲁大学讲座

些设计原理和美学法则,而且还向人们传递一种情感、一种意念、一种氛围,使人深思使人震撼。理性只是人类文化的一种形态,不能以为理性是最高的知识权威,工具理性的分析式思维代替不了综合性思维,也代替不了非理性因素。实际上,建筑创作的过程,是理性和非理性因素相互排斥、反复冲突,吸收最后调适的复合的过程。深入的理性思考,常常会唤起非理性的灵感,而灵感的出现,又促使理性思考得以深化。理性与非理性的相互转换是反反复复,不着痕迹的。而越是不着痕迹,越是自然流畅,这个设计就越好,而这个过程就是我说的"理象合一"。在我看来,"理象合一"既是一种建筑创作的方法论,也可以看成是对建筑的一种认识论。

创作态度 / 归零

采访者:近年来经常会提到"中国气质"这个词,您所认为的具有"中国气质的建筑"是什么?

程泰宁："中国气质"是什么？我看十个人会有九种说法，我所理解的"中国气质"就是自里而外、彻底御外的自然和谐。与外在的"物"比较，中国人可能更重"道"、重"境"、重"气"，重视人的内心体验，在审美倾向上比较含蓄内敛，讲法度、讲理性，但也不缺"扶摇直上九万里"的浪漫，有一种很讲文化品位的书卷气……这种气质在中国传统的诗词、绘画、书法中是表现得非常充分的。

那么，在建筑中是否也有"中国气质"一说呢？回答当然是肯定的，我觉得江南地区传统建筑就比较典型、比较集中地反映了这种气质。你看那些江南民居、园林，不仅非常注重人、建筑和自然环境的契合，表达了一种超出建筑本身以"天人合一"理念为基础的、追求宏观整体、自然和谐的建筑观，而且，受老庄哲学和禅学的影响，还特别注重人的内心体验，表达了一种超越形式层面、追求意境和氛围营造的审美理想。

所以，强调中国文化精神，或者说强调"中国气质"，是想说它和西方文化精神是有明显区别的。这些年，看到国家大剧院、CCTV 大楼以及"鸟巢"等等西方建筑师的作品，使我们更清楚地看到了这种区别。这种区别不仅表明了"中国气质的建筑"是种客观存在，而且是否还应该引起我们的思考：难道中国建筑师不能传承中国文化精神，创造出有自己特色的建筑作品吗？何需把西方看作我们的方向呢？

采访者：有人认为，中国正紧跟西方之后，进入后工业时代。作为一名建筑师，您认为这对建筑设计会产生什么样的影响？

程泰宁：在西方建筑的发展过程中，强调理性精神、重视分析方法一直是其一个重要特征。但是过于强调理性精神，做过了头，就可能会走向哲学上的僵化，造成人文精神的缺失。近半个多世纪以来，在西方社会出现的后现代艺术，其突出的特点就是对文化多样性的追求。这种追求可以说是对过去现代主义时期过于强调理性精神的一种矫正。应该看到，"后现代"确实开创了文化、包括建筑文化多样化的新局面。"建筑的矛盾性与复杂性"（文丘里）在揭示建筑文化发展某种趋势的同时，也带来了价值取向的模糊性和不确定性。

同时人们也看到了以"消费文化"为实质的、强调视觉刺激的图像化的建筑倾向。在艺术文化领域，出现了一种从追求本原逐步转而追求"图像化"的倾向。有法国学者认为，西方开始进入一个"奇观的社会"；一个"外观"优于"存在"，"看起来"优于"是什么"的社会。在这种社会背景下，艺术中的反理性思潮盛行，有些艺术家就认为"形式就是一切"，"艺术的本质在于新奇……，只有作品的形式能引起人们的惊奇，艺术才有生命力"。他们甚至认为"破坏性即创造性、现代性"。我认为，对于此类哲学和美学观点对当今西方建筑，以及对目前中国建筑创作所产生的影响，我们要有清醒的了解和认识。建筑不是纯艺术，不应过度强调"视觉冲击"，建筑创作只有从建筑的本体出发，才不致失去它创作的魅力和价值。

采访者：您如何看复杂性科学的兴起对建筑学领域的影响？在学界对于非线性建筑的讨论非常多，有人甚至认为这是建筑设计领域的又一次具有革命意义的进步，代表了建筑的发展方向和未来，对此您怎么看？

程泰宁：我一直都非常关注科学与哲学发展对建筑的影响。我认为，近年来出现的复杂性、非线性思维，触发了人们对建筑的更深层次的感悟，建筑设计有了更多的可能性，拓展了一片新的美学领域。

2004年在中联·程泰宁建筑设计研究院成立酒会上

　　像眼下很受人关注的参数化设计，能把影响建筑形态生成的各种因素通过电脑生成转化为图形，它是动态的，可以是非线性、超三维的，这对我们的创作很有"刺激性"，对于这些新手段、新方法我就很感兴趣。我原本就一直偏爱曲面造型，但过去做加纳国家剧院、弘一大师纪念馆的时候曲面定位却非常困难。最近利用犀牛软件做了两三个非线性造型的博物馆项目就觉得自如多了。但我需要强调的是使用这种语言并不是因为它代表了高科技，可以生成一些复杂的形体，而是为了辅助表达自己的设计思想。比如在近期的温岭博物馆设计中，我就想做中国的石头，表达"瘦、漏、皱、透"的特征，以强调当地的历史文化。使用非线性技术的目的是为了表达石文化，而不是为了做一个奇怪的造型。再比如港口博物馆，造型犹如一个海螺，也是采用非线性软件做的，但设计的初衷同样是想传达海洋文化。所以石头文化也好，海洋文化也好，实际上采用非线性的建筑语言是为设计理念服务的。

　　至于有人说非线性建筑是建筑设计领域的一场革命，我并不认同。数字化和非线性技术能刺激我们的空间想象力，大大拓展了建筑形式美的边界，从而能做出以前做不出的东西，这是一件非常好的事情。数字化技术的运用和材料技术的发展，对今后建筑创作的影响再怎么估计我想都不会过分。但是我认为每个建筑师应该有独立思考的精神。建筑设计中，最重要的是要有自己的价值判断。建筑师应该有不能因为现在流行非线性建筑，就一味跟风。我也不认为建筑一定要做成像扎哈、盖里那样。好像不做非线性，建筑师就不行了。"非线性"对建筑学来讲毕竟只是一种手段。我推崇"持正出奇"、"乱中寻序"的说法。所谓"正"就是指对建筑的本体的认识和个人所建构的创作理念；而"序"，则是对整体和谐的追求。我始终认为任何技术的发展都只是条件、是手段，是一种能帮助我们思考的工具。

采访者：您怎么看待建筑在时间里的概念？

程泰宁：建筑很难评价，在不同的时间段，建筑的含义是不同的。现在我们普遍赞成"广义建筑学"的说法，但也有人提出"零时间"建筑，这个观点我不赞同，但它说今后建筑的内涵概念会变化很大，这是我们必须看到和面对的。从过去两千多年一直到百年前，我们对建筑的认识相对来说比较稳定，而现在变化越来越快了，所以我们对建筑的理解也应该是动态的，也要讲"与时俱进"。像柯布西耶的建筑生涯，从初期的萨优伊别墅到最后的朗香教堂就有很大变化，他所处的时代相对来说还稳定一点，如果一个年轻建筑师再过 50 年再设计的房子，很多理念他可能现在根本没法理解。但从建筑学这个角度讲，这是一种必然的变化，这种变化没有"进步"与"落后"之分，其地位是同等的，因为你只可能表达你这个时代的东西,你不可能表达未来的东西。我认为你只要把这个时代表达得非常充分,你的作品就是能够流传下去的好作品,你也就是最好的建筑师了。

采访者:去年在您杭州的"作品展"上,黄石先生曾经为展览写了篇前言,题目是《归零》,对于这个标题您是如何理解的?

程泰宁:对于黄石先生为我写的这篇名为《归零》的前言,我还是比较认可的。"归零"既是一种哲学的境界,也是一种创作的境界,这正代表了我建筑创作的一种追求。

我认为归零在这里至少包括两层意思。第一个层面指的是在做设计的时候对待外界影响的态度。对我来说,在做设计的时候,一切评论,无论是批评还是表扬都统统"归零"。我有自己的思考,一切按照自己的评价标准来做。第二个层面指的是做设计的时候对待以往经验影响的一种态度。我希望自己的每个设计都是从头开始的。过去所做的一切方案、一切风格手法,统统"归零",要求自己不依赖以往经验,从方案本身出发去思考。不限于别人的条条框框,也不限于自己的过去,这就是归零。创作时,我的心态很放松,而且每做一个工程就是一次新的探索。你想,能够在无限广阔的创作空间里有所发现,有所创造该是一件多么有意思的事情!在做方案的时候——哪怕同时做几个方案,我也从未感到厌倦,甚至还有一种充实的快乐,这大概就是我能够保持一个较好的创作状态的重要原因吧!当然,这不是普遍的经验,只是个人的积累和心得,但我还是希望年轻的建筑师能够自己去体会一下。

最好的时代／最坏的时代

采访者：近年来，伴随着中国社会的迅速发展，有人说中国建筑发展进入了黄金时代，您对此有什么看法？

程泰宁：我认为，不管怎么说，近三十年来中国建筑确实取得了长足的进步。随着经济发展，繁荣的建筑市场为中国建筑师提供了很多实践的机会，中国建筑师在此过程中成长迅速。经过三十年磨炼，我们的建筑创作水平有了明显提高，涌现了一批优秀的建筑师和优秀作品。而且与过去相比，当前的创作思考也非常活跃，不同的创作思想、创作理念彼此碰撞、相互影响，形成了当前多元、多极的实践探索。不同建筑师，他们或坚持现代主义的探索，试图从当代语境中发展现代主义的建筑语言；或主张"地域建筑现代化"，承接传统、转换创新；或主张"现代建筑地域化"，直面当代、根系本土；或主张对中国文化的"抽象继承"，推崇自然、追求境界；或根据建筑师个人对传统和文化的理解，突出自身对于建筑所作出的个性化、文人化的表达。也有些建筑师希望能跳脱对"传统"、"现代"的争论，他们或从建筑的本体属性出发，重新审视现代建筑的设计方法与形式语言；或者从建筑与城市之间的关系出发，探索建筑在当代城市语境中的多种可能；或者运用现代技术的最新成果，突破固有的形式局限，进行先锋实验探索。

与此同时，中国建筑设计领域所取得的成就也正在得到中国社会乃至全世界的关注与认同。2011年吴良镛先生获得"中国最高科学技术奖"和2012年王澍先生获得普利兹克建筑奖。他们的获奖是中国建筑发展进程中的一个重要标志，值得我们高兴和珍视。获奖的虽然只是个别建筑师，但是在他们背后是中国建筑师的整体成长。可以肯定地说，通过近三十年的积累，中国建筑创作获得了前所未有的发展。

采访者：但是在此过程中，对中国建筑设计的批评也不绝于耳，千城一面、跟风、求奢，创新乏力等等。您怎么看这个问题？

程泰宁：我认为用"最好的时代／最坏的时代"来形容当前建筑设计领域所面临的形势最为恰当。"最好的时代"我前面已经说过了。但是另一方面，面对社会经济的迅猛发展，中国建筑界的准备并不充分。现实是，飞速发展的城镇建设与现代文明的发展进程不相匹配，以至我们的建筑创作在发展中矛盾重重、积弊甚深。

我在去年2013在南京举办的"中国当代建筑设计发展战略国际高端论坛"上，发表了"希望·挑战·策略——中国建筑现状与发展"的主题演讲。在这次演讲中，我将中国建筑领域中所遇到的问题总结为三个方面，分别是："价值判断的失衡"、"跨文化对话失语"、"体制和制度建设失范"。我认为，"千城一面"也好、"跟风"现象也好，其本质原因就是这三方面出了问题。而且这三个问题并不仅仅是建筑设计领域内部的学术问题，更与当前中国的社会现实密切相关。因此要解决这些问题就变得更不容易，也更具有挑战性。

采访者：您说的"价值判断的失衡"是指的什么呢？

程泰宁：在当前的建筑领域，对什么是好的建筑，这个本应该比较清晰的问题，大家都感到比较迷茫。现在一个突出的现象，就是建筑的基本属性——物质属性和文化属性受到严重挑战。我认为还是应该强调建筑的物质属性，即要求建筑设计能够满足适用、安全、生态节能以及技术经济合理等基本要求，也就是国际建协"北京宣言"所说的"回归基本原理"。但是在当下的社会环境中，我们的建筑违背基本原理的情况十分突出。

最近的一个例子是长沙拟建一幢838米超高层建筑，为什么要在长沙这样的城市建世界第一高楼，令不少人感到费解，这是城市环境的要求？是实用功能的需要，还是当前建筑工业化发展的急需？都不是。尤其是计划仅以用八个月的时间建成这座105万平方米的超大型建筑，届时将会有怎样的建筑完成度，实在令人怀疑。这种违背理性的"炫技表演"使这座大厦已经失去了本该具有的建筑价值，而成了一个巨型商业广告。至于一些国家投资的"标志性"建筑在设计上存在的问题也很突出，CCTV大楼为了造型需要，不仅挑战力学原理和消防安全底线，还带来了超高的工程造价。一座55万平方米的办公、演播大楼原定造价为50亿元，竣工后造价大幅度超出，高达100亿元人民币，在某种程度上可以说，这样的建筑已很难用通常的价值标准来评价，因为它已经被异化为一个满足功利需要的超尺度装置艺术，成为欲望指针与身份标志。这种违反建筑本原的非理性倾向值得我们关注。

上述两个例子也可以说是特殊情况下催生的特殊案例，但是这些具有风向标作用的重要公共建筑，对于城市中的大量建设项目有着重要的引领作用。在这样一些"标志性"建筑的影响下，当前在建筑设计中，有悖于建筑基本原理的求高、求大、求洋、求怪、求奢华气派已成为一种风气。一些城市的行政建筑的超标准建设，和部分高铁站房追求高大空间以至建筑耗能严重，就是一些比较突出、

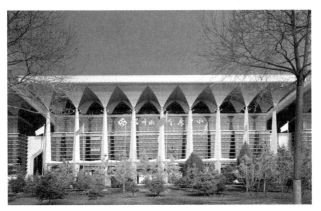

银川国际会展中心－1

同时也比较普遍的例子。这类俯拾即是的很多例子说明，回归基本原理，是当前建筑设计亟待解决的问题。

至于建筑文化价值被歪曲以至否定的现状，更可说是乱象丛生。类似天子大酒店、方圆大厦等恶俗建筑时有所见，盲目仿古之风也在很多城市蔓延，特别是形形色色的山寨建筑几乎遍及全国城镇。最近美国出版的"原创性翻版——中国当代建筑中的模仿术"（Original Copies: Architectural Mimicry in Contemporary China）一书中列举了上海、广州、杭州、石家庄、济南、无锡等地一大批山寨建筑的实例，有学者读后称"出乎想象"、"令人震惊"。事实上，对这类恶俗建筑、山寨建筑的制造者而言，建筑的文化价值已经消解，建筑已经沦落为某些领导和开发商夸功炫富的宣传工具，一种被消费、被娱乐的商品。我经常在想，对于当下影视、音乐、绘画等领域中流行的穿越、拼贴，以至恶搞的"后现代"艺术现象，我们需要宽容，但是对于将存在几十年、甚至上百年的建筑中存在的这些"后现代"现象，是否也应该任其自由生长？如果这样，那么，我们未来城市的文化形象将真是不堪设想了。

银川国际会展中心-2

当建筑异化为装置布景,沦落为商品广告,建筑的本原和基本属性已被消解,建筑设计也就失去了相对统一的评价标准。价值判断的混乱和失衡,成了当前影响建筑创作健康发展的一大挑战。

采访者:针对中国设计领域出现的这些价值观乱象,您有什么好的建议呢?

程泰宁:我认为还是应该强调回归设计的基本原理,建立科学的舆论导向和评价体系。建筑市场的规范、建筑设计领域的发展、城市建筑品质的提升有赖于科学、理性的政策引导。早在20世纪50年代初,刚刚成立的建工部曾经提出过"实用、经济、在可能条件下追求美观"的建筑方针。半个多世纪过去了,当时所提出的建筑方针已经不再适用于当代国情,但是政策引导对建筑行业的规范作用却不容忽视。如何从建筑的基本原理出发,制定一个符合中国国情与建筑发展需要的建筑设计原则与评价体系,成为当前的亟需解决的问题。这其中有三点原则是可以考虑的:

关注人与自然环境的和谐共生关系,建设生态文明,本着强调集约、反对奢靡、降低能耗的方针，着力推进绿色发展；

技术理性与人文关怀并重，强调以人为本，既关注大众的基本需求，又着眼于文化品质的提升，引领建筑创作的有序发展；

现代文明与本土文化的融合，强调城市、建筑的文化传承，建设具有历史记忆、地域特色的城市建筑。

采访者：您说中国建筑处于"跨文化对话失语"状态，主要表现是什么呢？

程泰宁：近代以来，以西方文明为代表的现代文明在推动中国社会发展的过程中发挥了重要的作用。但是，近年来伴随着中国建筑市场的日益开放，西方建筑文化的影响如水银泻地般深入中国各个角落，中国城市大有成为国外建筑师试验场的趋势。这些"舶来建筑"中有相当一部分是在西方国家根本不可能建造起来的畸形建筑，但是一旦到了中国不但立刻变为现实，还受到不断追捧。

一个最具体、也最能说明问题的事实是：20年来，中国的高端建筑设计市场基本上为国外建筑师所"占领"。在北京、上海、广州这三个中国主要城市的核心区，只有1/4的建筑是国内建筑师设计的。近年来，这种盲目崇洋之风已经从一二线城市向三四线城市蔓延，甚至不少县级市也在举办"国际招标"招揽国外建筑师。特别是一些重要公共建筑的招投标，中国建筑师常常只能以联合国外建筑师的方式才能够参与竞标。国外建筑师通过这种所谓的"联合体"，拿走了建筑设计中最为核心的方案设计部分，而中国建筑师只能充当其下手。由此所带来的不仅仅是天价设计费的外流，更是压抑了中国建筑师的才华与发展空间。

跨文化对话的"失语",导致人们热衷于抄袭模仿盲目跟风,大家已经看到,当前在中国,西方建筑师的作品以及大量跟风而上的仿制品充斥大江南北,"千城一面"和建筑文化特色缺失已受到国内外舆论的质疑和诟病。他们把这类设计称之为"奴性模仿"。如果这种文化失语、建筑失根的现状不能尽快得到改变,再过30年、50年,中国的城镇化进程基本结束,到那时,我们将以什么样的建筑和城市形象来圆"美丽中国"之梦?建筑作为"石头书写的史书"又怎样向我们的后代展示21世纪"中国崛起"的这段历史?这一问题应该引起建筑师,同时也应该引起全社会的严肃思考。

采访者:您刚才提到西方建筑师占领中国高端市场的问题,您认为应该如何扭转这种状态呢?

程泰宁:在任何一个国家与民族,建筑都是被视为文化的表征。中国有着悠久的历史与丰厚的文化底蕴,这应该成为中国建筑文化发展的基础。在当前的城市建设与建筑设计中,应该加强文化引导,反对盲目跟风,树立文化自觉与自信。正如习主席在中央城镇化工作会议上所言,"中国的城市建筑应该有自己的历史,能够代表自己的文化,经得起实践与时间的检验"。

另外对于西方建筑师占领中国高端建筑市场的问题,应该予以关注。要客观评价中、外建筑师的工作,为中国建筑师的发展留下空间。20世纪90年代以后,伴随着中国进入世贸组织,中国开始逐步对外开放建筑市场。应该说在改革开放之初中国建筑师受国门封闭的影响,在重大项目的设计能力方面缺少储备,国外建筑师进入中国建筑市场确实对当时中国建筑设计整体力量的提升起到过积极作用。但在此过程中，我们也付出了相当大的代价，正如前面所言今天中国高端建筑市场已经逐渐为外国建筑师所垄断，外国建筑师控制了建筑设计中的核心内容。需要强调的是，自20世纪90年代至今的二十多年中，中国建筑师在与西方建筑师同场竞技的过程中，设计水平与整体实力都得到了很大的提升。中国建筑师不仅自主完成了一批具有重要引领性意义的建设工程，同时他们在建筑设计领域中所取得的成就也正在得到中国社会乃至全世界的关注与认同。在这样的一种情况下，我们不应该妄自菲薄，对于中国建筑师的进步和成果应该充分肯定、并加以珍惜，对于中国建筑师的进一步成长应该予以鼓励。需要给中国建筑师、特别是中青年建筑师留出发展空间。

同时应该进一步规范国内的建筑市场，改变过去给予西方建筑师的"超国民"待遇。政府采购包括规划设计方案在内的产品的时候，应该自足本土，择优录取，一视同仁。

中国的建筑市场应该开放，但是这种开放应该是针对中外双方面的。政府相关部门应该积极从制度层面为中国建筑师走出国门铺平道路，如开展中外建筑师资质互认等，给中国建筑师的发展创造更大空间。我想强调的是：还是要坚持设计市场开放，但这必须与营造一个公平公正的竞争环境互为表里，否则必然会造成混乱无序。建筑设计市场的开放毕竟与一般商品市场不同，它关系到建筑设计的文化导向，不能不引起领导部门的充分重视，并下决心加以解决。

采访者：您在2013年11月份的高端论坛上，也谈到了当前的体制问题。我国建筑问题看起来很大程度上是制度带来的。您对这个问题是怎么看的?

程泰宁：我觉得这里面有两个问题：其一是制度滞后，建筑设计的相关制度与规范由于长期没有修订已经严重滞后于现实，无法起到应用的规范、约束作用；其二是在相关制度的执行中存在有法不依、监管乏力的情况。

以建筑设计招投标为例，其过程中存在的围标、串标、领导内定、暗箱操作等已是公开的秘密，不仅破坏了公平竞争的环境，也成为滋生腐败的温床。而建筑设计的市场准入和设计管理制度更是漏洞甚多，且监管乏力。一些不具备实力的建筑设计公司通过挂靠的方式跻身市场，以至于建筑市场中良莠不齐、恶性竞争的现象日趋严重。在市场压力下，要求建筑师一个星期内拿出三四个大型公建方案或者一个二三十万平方米住宅小区施工图的"赶工现象"极为常见。由于缺乏对建筑市场的科学管理，建筑设计与施工质量难以得到保证。

此外，违反科学、民主精神的领导决策机制对城市建设与建筑设计带来的危害也不容忽视。一些贪大、求洋、超标准的建筑之所以会出笼，鬼城现象以及破坏城市历史文脉的大拆大建案例之所以会发生，这些决策与"创意"往往是出自各级领导，特别是主要领导。规划设计意图的改变，以至于项目的存废，全部在领导的一念之间。

这些制度建设与执行过程中所涌现的问题已经严重影响了建筑设计的质量与完成度，如不下大力气尽快扭转，它所产生的负面影响将是长期性的，不可逆转的。

采访者：从您刚才的话中我感到我国建筑发展正面临着非常严峻的挑战，许多问题都亟待解决。那么您认为应该从哪些方面入手，来扭转当前的现象呢？

程泰宁：我认为，要实现我国建筑的真正发展，有两条非常关键：一为理论建构；二是制度建设。

现在不少建筑师回避甚至反对谈理论，更不愿意谈"中国"的建筑设计理论。但是，从我们前面分析的问题以及西方现代建筑的发展经验来看，如果没有自己的价值判断、不重视自己的理论体系的建构，中国建筑师要摆脱当前的价值观乱象，走出文化"失语"状态，找回自己并闯出新路将会十分困难。而且还应该看到，中国现代建筑的理论建构，不仅关乎建筑师，也关乎整个社会。如果我们的社会，能在一些有关建筑的价值判断和评价标准上取得某种共识，就有可能形成一个比较好的社会舆论环境，这对我们的建筑创作无疑是非常重要的。

与理论建构同等重要的是制度建设。当前中国建筑界的许多问题是与制度落后与缺乏监管相关的。谈到制度建设，现在普遍存在一种畏难情绪，很多人觉得当前面对的问题很多，很难入手。我认为，解决制度问题，必须从具体问题入手，通过个案积累经验，积小胜为大胜。通过自下而上的方式，本着先局部后整体的原则，我相信中国建筑的创作环境就一定能够获得逐步改善。

采访者：我非常认同您说的先局部后整体，逐步实现体制完善的建议。那么您认为在建筑领域哪些方面可以作为突破口呢？

程泰宁：我认为首先可以从普遍被关注的建筑招投标问题入手。

对于其中存在的暗箱操作和领导决策的积弊，完全可以对原有的建筑招投标法加以细化改进，明确规定哪些项目必需招标（事实上，并不是每一个项目都需要或适合招标），对于必需招标的项目制定办法，做到招标全过程透明：信息发布透明、方案评选透明、领导决策透明。地方主要领导如果否决评选结果，要有充分理由并进行公开说明。对每个过程的具体操作情况（包括每一个评委的具体意见、领导决策的程序及其选择方案的具体理由等）全部在网上公布。这样做，可以在很大程度杜绝暗箱操作和一把手决策的积弊，这样，招标的公正性就能够得到维护，也就真正能起到设计招标的作用。

除此之外，对于施工监理问题、市场准入原则问题，建筑规范的修编、建筑师的职责和权利等问题，都亟待政府相关部门花大力气、有针对性地去解决。总之，政府机构可以撤销精简，但政府部门制定游戏规则、强化监管的基本职能不能改变。要制定科学合理、切实可行的规则制度。

采访者：您刚才着重提到了理论建设。不过对您的建构"有中国特色的建筑理论体系（价值判断和评价体系）"的提法，也有人觉得似乎尚有斟酌的余地。建筑是个性的创造，也有其普适性的一面，这些都具有很强的容纳性和开放性，应该是超越国家意识形态的东西。如果把"文脉"和"场所精神"上升到国家范畴，似乎容易跟民族主义思潮扯到一起。而且也很难说"体系"是否会成为一种束缚人的东西。

程泰宁：人类的文化从来就是多元的，既然是这样，中国建筑师为什么不能为世界增添我们自己的东西呢？这里讲"中国特色"一定要放在全球化的语境中去思考。这里不存在"国家意识"或民粹主义的问题。恰恰相反，我们是要通过张扬中国建筑师的个性和创造性，让世界了解我们、包容我们、接受我们。如果能做到这点，就是我们的贡献了。而且我一直觉得，中国建筑不能总是跟着别人走，我们要创造符合建筑基本原理，又能为世界所了解、所共享的建筑理论体系。只有这样，我们才能够真正在世界上取得话语权。

就我个人而言，我一辈子在一线工作，一辈子信奉"用作品说话"，但近些年来，我的想法有些改变，我觉得在用作品说话的同时，也要用文字、语言说话，让更多人——不仅让建筑师，也让群众、媒体、领导，同时也让国外同行了解，要争取中国建筑师的话语权，不能老是躲躲闪闪，半吞半吐。

既然要"说"，当然要"言之成理"。多年来，在我们这个圈子里，包括我在内的很多人都不大愿意说话、写文章，因为觉得"说了也白说"。现在我觉得，"说了也白说"的情况确实存在，但我们没有把"话"说清楚，没有自己的理论支撑，也是"白说"的一个重要原因。前两年我们向中国工程院提出开展"中国建筑创作的现状及其发展"课题研究的申请。这个课题被已列为工程院学部重点咨询研究项目，现在已经完成。这个研究可以说是一个开头。我希望今后能有更多的建筑学者、建筑师关注这些问题，投身到这个领域的研究之中。

至于"体系"的说法，也许很容易被人误解。不过，我想中国现代建筑将来应该、也一定会形成自己的价值观与体系。当然这会是一个长期的、动态的工作，也许需要几代人努力的过程。我相信，这不仅仅对于中国文化与中国建筑来说意义重大，而且也将推动现代文明的整体进步。

上海中心设计图

第 3 章

实践创新

建筑作品

采访者：请介绍一下您的成名作——黄龙饭店。

程泰宁：黄龙饭店的周边环境很有特点。基地的南面，也就是主入口这面是宝石山，后面是城市，饭店处于城市和自然风景区过渡的地段上。我在黄龙饭店方案竞赛上之所以能够最终获得方案的设计权，很大程度上应该归功于理念——我将大环境放在第一位。这里说的大环境，包括风景区的自然文化和江南地区的精神文化。在我看来，既然建筑在风景区和城市的过渡带上，它应该是一个中介、过渡，能使城市和风景区相互渗透。所以，我把580间客房分成三组、六个单元。在每组建筑之间留出了"空白"，从城市看过去可以看到山，从内部看过去也可以看到山，所以我在酒店门口用陶渊明的诗"悠然见南山"做了一个碑刻，也是想强调建筑和自然的结合。

有人认为黄龙饭店的优点在于屋顶有传统风味，琉璃瓦顶颜色不错，分散式布局减小了体量……这可以说在一定程度上是正确的。建筑在视觉上的愉悦很重要，但这并不是我设计的最终出发点。如果黄龙饭店没有这个攒尖琉璃屋顶，是不是就不是充满中国韵味的方案了吗？我不这么看。如果没有这个顶，黄龙饭店方案的基本构思依然存在。我设计黄龙饭店真正的思路不仅仅在形式上，而更应该在内涵上。我更想创造一种氛围和意境，表达一些真正有中国哲理的东西出来。举个例子，黄龙饭店的一层围绕庭院布置大堂、酒吧、餐饮等，朝庭院一面采用了通长落地玻璃廊。到了晚上华灯初上，人们从大堂穿过庭院的树丛可以看到对面餐厅的灯光，这不正是一幅中国画的长卷《夜宴图》吗？

这是比较早设计的项目，建成已近二十年了，现在不少人觉得还能看、耐看，并没有觉得过时，我想，这也是自己所期望的。

采访者：杭州黄龙饭店可以说是您的成名作，对建筑师来说，获得大型公共建筑的设计机会并不是一件简单的事，更何况当时您还是一位刚从临汾来到杭州的年轻建筑师，可以具体谈谈这个项目的创作过程吗？

程泰宁：由于对外开放和旅游事业的发展，1982年前后，杭州开始与外商谈判合资建造旅游宾馆，黄龙饭店就是第一批合资项目中的一个。那是我到杭州的第三年，这个项目最初邀请的是美国著名建筑师韦尔纳·贝克特。后来由于投资方的改变，又邀请了香港建筑师严迅奇先生，当时他虽然很年轻，却刚在法国国家歌剧院全球设计竞赛中拿到第一名，正是意气风发之时。而我们杭州建筑设计院名不见经传，又没有什么作品。初时投资方并不相信我们，说道："你们做过酒店设计吗？人家在饭店里喝咖啡的时间可能都比你们做设计的时间长。"受到不少冷嘲热讽，有人说我是刚从山沟里出来的土包子，连星级酒店的咖啡厅都没进出过几回。旅游局更是不让我们参加。还记得当时我请了副院长去旅游局表示希望参加方案评选，我和他说："希望国家投资项目能尽量多的让国内建筑师参加设计。"他立刻回应道："这是个合资项目，没必要遵守这个规定，再说我就算不找国外的设计师，也会去找广州的或者北京的设计师，反正不会找你们。"面对这种态度，我们提出愿意先提供方案，仅供外方建筑师参考，这个意见也得到了市长的支持，旅游局的负责人才勉强同意我们参加。当时我们把姿态摆得很低，有时候和他们去

"悠然见南山"——杭州黄龙饭店

参观的时候,我们就像跟班一样,那个滋味真不好受。

方案做了一年,一共进行了三轮修改。作为毫无名气的本土建筑师,要想在设计竞赛中脱颖而出,方案只是"没问题"是不够的。我们必须做出与对方完全不一样的方案,这对我们是个极大的考验。酒店建筑面积四万多平方米,将近有六百间客房。美国建筑师和香港建筑师的方案都是板式的,一百多米长、八九层高。他们虽然方案总体做的还是不错的,但我觉得建筑和环境并不协调。我在进行设计的时候,首先遇到的问题是如何处理建筑与环境之间的关系。因为饭店位于宝石山和城市之间,建筑不能像一堵墙一样,把城市和宝石山隔开。我认为不应该过分强调酒店建筑的主体性,而应该借鉴中国绘画里的"留白"概念,通过"留白"的互相渗透,使建筑成为城市与环境中的中介。因此我们选择分散的做法,但是这种大规模的建筑群如何做分散,并没有先例。北京香山饭店是分散的,但因为它的容积率只有 0.3,比较容易达到分散的目标;但黄龙饭店的容积率却高达 1.1。分散的目的是为了适应城市环境,而在分散的同时也要满足现代酒店功能的要求,这是我当时遇到的又一难题,真是"百思不得其解"。

方案做到第二轮我才逐渐有了感觉。提出"单元成组分散"的方式——如果完全分散,服务人员动线过长,在服务效率上相对来说就低了,而单元成组则能在一定程度上解决这个问题。但最终的效果如何?我当时也并不肯定,因为当时我们对现代酒店的要求并不熟悉,一旦建设方邀请的香港顾问指出我们方案中任何不符合现代酒店管理模式的问题,就可以把我们的方案彻底否决。我请了一位浙江大学研究酒店管理的老师做顾问。在杭州最后一轮交流时,我们才把方案摆出来。但他们都很一致地说我的方案不好,这时候我心中反而有些底了:方案讨论的时候,他们的注意力完全被我们的方案所吸引了,而批评的问题也都是比较容易解决的问题。这些经历让我在去北京参加最终评审前,增添了不少信心。

最终的评审是由国家旅游局主持在北京进行,很多建筑界的大腕儿如张镈先生、戴念慈先生、张开济先生等都被邀请来参加评审会。那天正好是张镈先生从业五十周年的庆典,他上午庆祝活动一结束就赶过来参加评审。初时,会场上的讨论结果一边倒,都觉得我们的方案和环境有很好的结合。但到了下午就发生了变化,香港的投资方有备而来,请来酒店管理公司,批评我们的方案有种种功能上的硬伤,列举了诸如从入口办理手续到电梯流线太长、空调浪费等各种管理问题。而当时张镈先生给予我很大支持。由于有着北京民族饭店、新侨

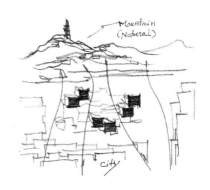

杭州黄龙饭店

饭店等现代酒店设计经验,他一针见血地指出香港方面提出的问题根本不是问题。他说,我们的方案从服务台到最远的电梯点有80米,而对方看似很集中的方案流线却有90到100米,而且我们方案中的80米是在庭院中走过的,比对方在室内的流线更多了一重空间体验;另外他说酒店分楼设置空调还是很节约的,沿大厅这部分虽然是开敞的,但温度可以适当调高;最后讲到餐饮、厨房和餐厅的比例,张先生把北京一些饭店的数据报了一遍,以无可辩驳的事实帮我们争辩。最后投票结果我们获得全票,最终拿到了方案。

回想设计过程,充满艰辛。一次我加班到很晚,在回家的路上疲惫至极,只好在一个地下满是污水的公共厕所墙边靠了很久才有力气慢慢站起来走回家。还有一次,在公交车上意识模糊的时候依稀听到有人说"烤鸭",我在心里想,如果我们能最终拿到方案,我一定请大家吃一顿烤鸭。那天大获全胜后,我在北京痛痛快快地请大家吃了一顿正宗"北京烤鸭"。

采访者:那之后,方案是不是就很顺利地做下去了?

程泰宁:在北京评审后,按投票结果是我们拿到了项目。但建设方却并不认同。市旅游局认为我们没有经验，依然不想让我们承担这个项目的设计工作。当时我需要协调多方的利益需求，其中包括了中方投资方、香港投资方和香港设计团队3方。对于他们，我采取分别对待，逐个说服的方式。对香港设计团队，我和他们达成协议：由我们承担建筑和结构设计，而建筑的室内设计分给香港设计团队，同时将设计费的70%给他们和机电顾问公司。尽管如此，中国和中国香港两个投资方依然不同意将方案交给我们，但他们并没有明确说出来。

最后签订设计合作协议的时候，作为设计院院长为了把握这次机会扩大影响力，我将主管的副市长、建委、规划局的领导，总共一百多人请到华侨饭店举办签字仪式。但事情又出现了波折。那天我一进饭店就碰到当时杭州的常务副市长顾维良先生，当时距离签字仪式开始还有一个多小时，我心里有一种不好的预感。我在会场上检查了一下签字仪式的准备工作，就找到了五楼会议室。当时中方、港方的股东都在，他们看见我进来非常意外，旅游局的负责人立刻站起来对我说想买断我的方案。当时我毫无准备，但是第一反应是不可能，不要说这个方案已经在国家旅游总局审查确定，即便是没有通过审查，方案也绝对不能卖。当时我一个人跟港方、中方的股东展开了激烈的争论，但是始终没有达成共识。我说，谈不成字就不签了，但饭总是要吃的，于是大家下楼吃饭。那天签字所有的文件都准备好了，请的100多位客人都来了，签字仪式却没有办成，很扫兴，也很没面子。

在中国，不管是那时还是现在（现在可能比那时更严重），崇洋媚外是很正常的事情，后来我采取迂回的策略最终解决了这个问题。我先去找香港建筑师谈,告诉他们我在设计费上已经做了很大让步,但"买断方案"这样做就太不合适了。他们说这不是他们的意思,是中方股东的意思。我就问他:"现在我的这个方案国家旅游局也同意了,你能改吗?"他说:"不能改。""那让你按我们的方案做施工图你愿意吗?"他想了一下说:"确实有这个问题。"我说:"如果我出面不行,那就得你出面做工作,把这个事情安排好。如果你还有什么要求我们可以再谈。"他思考后也同意了。后来,他先做香港股东的工作,再做中国股东的工作。最后我们悄无声息地把设计合同给签了,终于把这个项目做成了。

加纳国家剧院位于首都阿克拉市中心。基地是一块三角地形。在创作过程中,我通盘考虑了三角形基地给建筑布局带来的限制和剧院建筑特有的技术要求,并主动了解了加纳当地的雕塑、壁画、舞蹈等艺术形式,我希望将建筑和当地文化有机地结合起来。方案构思的过程我是通过捏橡皮泥这种看似"有些随意"的方式来进行的。最终的方案,我将三个品字形组合的方形体块加以弯曲、切削、旋转,形成了一个粗犷有力,但也不失浪漫生动的建筑形象。我认为,在一个理想的建筑创作过程中,理性思考与意向生成往往相互触发、相互转化、相互交融,使创作构思得到升华,形成具有创造性的方案。

这座建筑于1992年建成。前加纳文化部部长在给我的来信中说,"加纳剧院已经成为首都的城市标志。"后来加纳又将他们的最大面值的货币——一万"赛迪"印上了加纳国家大剧院的图案。这项工程入选国际建协主编的"20世纪世界建筑精品选"在20世纪一百年中选一千个项目,成为我国建筑师在国外入选的两个工程中的一个,另一个马里共和国议会大厦也是我设计的。这两个工程都是南非建筑师跟美国建筑师联合推荐的国内包括我在内完全不知情。《中国建设报》还专门在头版刊登了一条消息说："程泰宁连中两元"。文中评价说用中国建筑语言诠释了剧院建筑，丰富了非洲当代建筑，具有创造力。加纳人民的种种做法说明他们愿意接受这座建筑，并把其当作国家的标志。

杭州新客站位于城市中心，是在拆除旧站房的基础上重新建造。那个时候，有关部门仍然按照20世纪60年代每人6平方米的参考标准确定广场面积的规划，而这早已经不能适应现代城市交通发展的需要。我在充分研究的基础上和规划局交涉，最终扩大了广场规划的面积。

在做杭州铁路新客站方案的时候，我尝试要和之前的火车站相比有所突破。因为以前的火车站基本上都是在平面组织流线。由于站房、广场是在同一平面上的，虽然省事，但会产生进站和出站的各种流线分不开等种种问题。尤其杭州站广场很小，如果要做出站地道，就会直接通到广场。我认为设计的关键问题在于合理的组织流线，所以在做方案时我把车站放在城市的整体中考量。当时我主动向规划局提出来周边地区的控制性详细规划由我与规划局合作来做，后来我又牵头做了城市设计，把里面建筑的高度、用地性质和面积，包括车站、高架广场与建筑的结合方式都考虑了进去。我希望整个地下都连通，高架也能跟这些建筑都连起来，以方便整个火车站及其周边的交通疏散。最终我采取了高架、地面、地下三个层面来组织流线。出站和出租车从地下走；进站在高架，公共汽车在中间。这种分散人流的模式在国内是第一次运用。另外，在设计地

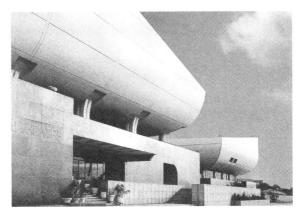

加纳国家剧院透视

"理性与意象的复合"——加纳国家剧院

下广场时，我还把地铁考虑进去了。1992年杭州地铁八字还没有一撇，甚至都还没有立项。但我们还是跟北京市城建设计总院联系，做了一个地铁的方案。甚至我还在车站地下广场的两侧预留了地铁的出入口，让旅客一出站马上就可以换乘地铁。从现在的实际使用情况来看，50%～60%的乘客会选择乘坐出租车或地铁从地下直接就走了，还是较好地达到了疏散人流的目的。

在解决交通的基本问题的基础上，杭州城站也是美学意义上的"城市大门"。我想，既然是杭州的城市大门，车站建筑就应该体现杭州特色，它既不同于北京的"京味"，雕梁画栋、富丽堂皇，也不需紧跟上海的"海派"，去突出中外文化的融合，突出科技……杭州的"大门"就应该强调它的文化底蕴和文化品位，强调江南的地域特色，使人能看出它和其他城市的不同。

设计是观念的体现。设计的创新求变，关键在于观念能否随时代的发展而不断更新。

采访者：我接触的很多建筑师都反映铁道部的项目不太好做，您在做杭州铁路新客站时，有没有遇到什么困难和阻碍？

程泰宁：在我的职业生涯中，几乎每一个项目都会遇到非技术层面的矛盾和冲突。杭州铁路新客站算是比较多的一个，整个过程可谓一波三折。

当时，铁道部对于建火车站有控制权。一般都是由铁道部下文到其所属的设计院，再由设计院组织设计。当时除了北京、上海这些大城市外，所有的火车站都是由所在地的铁道部设计院负责设计。1990年开会筹备杭州铁路新客站的时候铁道部也请我们地方

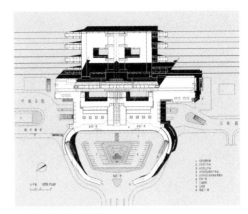

杭州铁路新客站总平面

"重要的是观念"——杭州铁路新客站

院参加，当时按照惯例宣布杭州站由铁道部第四设计院负责总体设计。我当时马上提出杭州枢纽由铁道部第四设计院设计，但对于"站房"部分应该通过方案招标来进行。因为之前做过车站研究，我知道"站"和"枢纽"是两回事情，其次，并不是国内所有的车站都是铁道部设计院设计，像北京站、上海站就是由地方院设计的，为什么杭州站一定要让铁道部下属的设计院负责？铁道部当时也同意了招标设计。参加招标的有我们（杭州市建筑设计院）、浙江省建筑设计院和铁道部设计院。在评审的时候，虽然铁道部的评委是占多数的，但投标结果一出来，16票中我们设计院就占了11票。铁道部看到我们占了多数票，又说规定是必须全票通过才能委托设计。于是，我提出由我牵头，杭州市建筑设计院、铁四院、浙江省院三家组成联合设计组集中设计。真正到了专业的范畴内，在建筑师之间就可以很方便地交流和讨论。因为我当时的设计水平，铁四院是信任的，省院的人也很了解，所以后来就完全委托给我设计。

当时遇到的障碍可以说是相当大的。我还开玩笑地把这当时的情况叫"三国四方"。"三国"是铁道部、浙江省和杭州市。"四方"是铁道部、铁道部下面的分局、上海铁路局、杭州火车站。作为建筑师要协调好这几方的利益关系。首先，杭州市里坚决反对这个方案。因为站房由铁道部出钱，站场是市里投资。由于站房进深很浅，所以我把大部分自动扶梯都摆在广场上，就得市里投资。此外，规划局也不同意，说方案超出了他们划定的红线。非但没有做退让，高架广场甚至还凸出来七八十米。于是，我只好耐心地向他们解释说明，这个指标是20世纪60年代的指标，现在由于交通的快速发展，继续套用原来的指标无法满足容量的需求。但是矛盾始终没有解决。最后由浙江省召集共同讨论，起初铁道部和杭州市市长都同意了，但省计经委仍然强烈反对，后来在省长的协调下才同意了。即便如此，在施工的工程中由于资金的原因仍然问题重重。举个例子，在施工过程中要把广场跟站房接通，广场跟站房之间有一个变形缝，那么变形缝的钱谁出？整个过程中，像这样的矛盾数不胜数。我感觉自己已经不是建筑师，而成了"三国四方"的协调人。但回过头来想想，建筑师本该如此，这是我应尽的责任。在国外叫"地盘建筑师"，就是你要管地盘，负责协调施工中出现的各种问题。

浙江美术馆毗邻西湖，背靠玉皇山，被认为是西湖边上最后一块风水宝地，所以设计时我主要考虑的是建筑与环境、与城市的关系。一是与依山傍水的自然环境的关系，建筑物依山形展开，并且向湖面一层层跌落，我强调的是自然与环境共生。二是与江南文化、杭州文化的关系。力求建筑物的形式、空间、色彩能够引起人们对江南的文化记忆，同时又能给人一种抽象的、现代的感觉。浙江美术馆的屋顶很像江南的坡顶，但形态却是自然生成、随机变化的。其表面用了很现代的钢、玻璃和很传统的石材。使得建筑既有传统水墨画和书法的审美韵味，也有雕塑感。

在一个城市中，对于像浙江美术馆这样重要的、有一定标志性的建筑物，应该特别重视它的文化记忆。因为一个城市的品位、特色是从这些建筑物上表现出来的。我试图创作出扎根于杭州，扎根于江南的现代建筑。

采访者：实地参观您设计的浙江美术馆时，虽然"坡顶穿插"的屋顶形式非常震撼，但其钢结构构造节点却显得比较粗糙，这是什么原因造成的？

程泰宁：我始终认为，好作品不是画出来的，而是要靠建起来的。现在普遍反映中国的很多建筑的完成度不高，简单粗糙，缺少细节，没法和国外的建筑比，这是一个非常让人遗憾的问题。为什么会这样？即使你有一个自己满意的方案，要把它实际建造起来还是会碰到各种各样的困难。现实中的客观因素实在太多了。

第一个客观因素是设计周期短。由于地方要宣扬政绩，开发商要抢开盘时间，设计周期有时被缩短到令人难以置信的程度。最近某大院的一位老总和我谈起有一个几十万平方米住宅小区的施工图，被要求在8天内完成，这样的工期怎么可能达到设计深度要求？怎么能做出细部来？因为设计周期压得太紧，现在的工作模式只能是在扩初阶段补方案阶段的工作，施工图阶段补扩初的工作，施工过程中再补施工图的工作。这样很吃力，效果也不好。设计如此，施工也是如此。浙江美术馆算是省重点工程。但施工后期，因为领导要求年底举行竣工"仪式"而突然提速。结果由于幕墙工程的仓促收尾造成玻璃屋面漏雨，钢构件接缝粗糙等种种问题。景观工程要求在10天内做完，大树拉到现场后完全不看设计图，捡个空地全栽上了……正因为这种种原因，所以一个工程做完了常常有太多的遗憾。

第二个客观因素是不合理的施工环节招投标制度。除了普遍存在的猫腻以外，评价中还有常常按照施工的最低价中标，技术标评分比例低到可以忽略不计等种种问题。这样的招投标制度本身就造成了不重视技术，不重视质量的问题。为了降低成本，施工单位包括幕墙公司大量使用外来务工人员，挂靠的情况更是非常普遍。因为施工管理人员技术素质差，施工监理形同虚设，设计人员和他们

浙江美术馆设计草图

浙江美术馆

浙江美术馆局部-1

浙江美术馆局部-2

沟通很困难。你想做一点特殊做法，或想修改一处设计，他们就会拉着建设方以工期、造价为理由和你扯皮。

第三个是建筑设计与室内设计、幕墙以及景观设计不配套的问题。由于这部分工作的设计费很低甚至根本没有，所以常常是装修、园林施工单位投标参建。这些单位的设计力量往往很薄弱，你要花很大力气去协调，甚至需要具体帮他们多次改图。

南京博物院位于中山门内西北侧，前身系蔡元培先生等人于1933年倡建的国立中央博物院筹备处。1935年在杨廷宝、童寯等十多位建筑师参与投标的竞赛中，徐敬直在方案征选中获胜，后在梁思成先生的指导下完成设计。由于抗战爆发，当初规划的自然、人文、艺术三馆仅建成人文馆（历史馆）。1999年新建了艺术馆，随着时代的发展，原有展馆已经无法满足现代博物馆的展陈需求，所以进行招标改扩建。2006年业主进行了第一轮国际招标征集方案，随后又进行了数轮方案招标，前后征集了三十多个方案。直至2008年8月由我、另一位院士和江苏省设计院三家单位参加竞标。最终选择了我的方案。

我认为，这个设计的重点在于对南博的历史及现状问题的梳理和解答。由于方案限制性很强，在设计过程中既要保持原有老建筑的中轴线不变，又不能拆除老建筑，甚至连一个亭子都不能改变。整个场地可用的面积只有两万平方左右，而需要增加的建筑面积是八万平方米。为了对原有的历史建筑予以保留而不破坏博物馆整体的氛围，我们将主要的加建面积放在地下。在地下新建特展馆、民国馆、非遗馆以及数字化博物馆，在此基础上还要整合文物库房、科研与武警综合楼以及停车设备机房。

南京博物馆夜景

南京博物馆

南京博物馆设计图

在最终改造中，将独立的博物馆通过地下整合成一个整体。通过对整个博物院新老建筑的功能布局、交通流线、内外空间、建筑形式、休闲文化五大部分的整合，使南京博物院做到功能完备、设施先进、展藏研究与文化休闲一体化，从而与其作为重点博物馆的地位相匹配。另外改建、新建建筑在力求自身整体化的基础上与老建筑在尺度、材质、色彩以及空间与形式上取得和谐统一，并且赋予南京博物馆以强烈的历史文化特点和时代气息。我们对历史馆仿辽式大殿按文物保护原则进行修缮，对文物库房拆除重建，对艺术馆的立面进行改造。建筑的体型借鉴了中国传统礼器——玉琮的形象，在新馆的外立面上又点缀了青铜风味的纹饰，既有品位，又庄重典雅，能和原有大殿在气质上达到和谐统一，同时又能体现新老两馆不同的时代特征。

中国海盐博物馆位于江苏省盐城市，基地在贯穿盐城的重要河流"串场河"的东面。创作前，我们对当地的历史文化及建筑特点进行了考察。我们把注意力集中到对海盐生产历史和文化的了解上。为了体验古代盐场的环境，在建设方的陪同下，我们去了远离市区的海滩滩涂，体验海边采盐先民们所劳作的古代盐场那空无一草一物的萧瑟苍凉景象，这种苍凉萧瑟的现状，给了我们很深的触动，同时这种环境现状也给了我创作的灵感。

除了场地环境以外，当地的特产"盐"的结晶体也给了我们创作的灵感。晶体单纯而晶莹，是我在设计中自然想到的一种造型元素。后来我们通过海盐结晶体的演绎，旋转的晶体与层层跌落的台基相组合，就像一个个晶体自由地洒落在串场河沿岸的滩涂上。这一形象，也是对作为海盐生产的独特环境的广阔的海边滩涂这一形象的呼应。

宁夏大剧院位于银川市的城市中心区，其四周被人民广场、文化中心以及宁夏博物馆、图书馆围绕，共同组成了城市的文化核心区。在这样的中心地段做宁夏大剧院这一重要的文化建筑，当地的历史文化和建筑本身的标志性都是我们需要考虑的问题。

宁夏大剧院的方案除了要考虑到周边已建成建筑的形式，同时也要有所变化，要有文化建筑本身的特征。其周边的博物馆及图书馆均为方整的造型，所以在我设计宁夏大剧院时候，采用了'外方内圆'的图式，以方正的外形和周边环境取得协调，以圆形的内部取得建筑自身的变化。并通过工作模型推敲了三者的体量关系使之成为一个完整的组合，将作为主体的大剧院的形象突显出来。

银川是宁夏回族自治区首府，宁夏的地域特色伊斯兰文化的传承是我所重视的，建筑正因为具有地域性特征才能使其"唯一性"成为可能。但对经典伊斯兰文化符号的直接再现又不符合宁夏大剧院本身现代性的要求，所以在设计的时候，我们对传统的伊斯兰符号经过抽象、提炼、最后升华为符合工业化生产方式和现代人审美理

"盐体结晶"——中国海盐博物馆晨景

中国海盐博物馆

宁夏大剧院

想的建筑意象。我们需要建筑在传承宁夏本土文化的同时，结合当代文化，创造出独创的建筑。"独创性"和"花开盛世"表达了我们对"现代的，中国宁夏的"的设计创意。

  马里国家会议大厦位于非洲第二大河——尼日尔河的一侧，周边的自然环境十分开阔。我初看到建筑周边的场地环境，感受到场地辽阔和空旷，从设计的初始我就一直在思考如何让建筑尽可能融于自然，融于环境，不对环境产生过大的压力。为了充分利用尼日尔河的景色，我将建筑造型尽量做得自由舒展，建筑形体无明确轴线，这样就能和环境有较好的渗透。

  除了环境要素外，马里当地的文化信仰也是影响我设计的一个关键要素。黑非洲艺术和伊斯兰的文化背景成了我建筑设计的一个重要的灵感来源。马里会议大厦整体质朴、粗犷，我在赋予其雕塑感的同时，还增加了带有曲线构图的细部，使整座建筑多了几分舒展与飘逸。另外我们在广场中部设置了尖拱形照明塔，除了表达伊斯兰建筑的特色之外，还和城市中一些教堂的灯塔互相呼应，使会议大厦这座建筑非常有机地融入到了整个城市中。

马里国家会议大厦

战俘永远是一群特殊的人群。在中国的传统观念中，俘虏是低下、屈辱、怯懦、可怜的混合代名词，人们往往忽视或漠视他们。但事实是，大多数人在战场上，在被俘后都曾英勇，只是不幸成了俘虏。有不少人还没有活到抗战胜利那一天……在这个项目之前，世界上从来没有一个专门为战俘建立的纪念馆。基于四川建川博物馆战俘馆特殊的性质，以及其所需要纪念的特殊人群。我有这样一个想法：这个博物馆要表达出一种对战俘人群的理解和关怀，因此如何让参观的人们感受到战俘命运的悲怆，是我设计的起点。设计中，我一直在思考战俘这一特殊人群的人生命运。正因为对战俘命运的感受与体悟，一个意象很快清晰起来，石头，虽然局部破损变形，但仍保持方整的形体。正如战俘们的命运一样，虽然不幸被俘，但内心仍然保持着不屈与英勇。

最终建成的战俘馆，在我收到的反馈中，人们对其所营造出的压抑、悲怆的氛围深有感触。他们在参观建筑的同时也在感受战俘们的悲惨命运，对以往被他们忽视的战俘这一特殊群体给予了关注。这是我试图超越形式美层面，对情境交流这种东方式审美的努力追求。但也有媒体评论，说战俘馆是一件"解构"作品。其实不是，在设计过程中，从有形到无形，形式的创作已经融入对意境审美的营造之中，没有单纯的形式追求，何谈解构。

龙泉青瓷博物馆位于由两个平缓的山脊包夹的洼地中间，背面为起伏的山脉。历史上，龙泉曾经是青瓷的主要产地，在山野中有很多窑址，最早的甚至可以追溯到明朝和宋代，在山上、在周围的田野上随处可见过去的废弃窑址和碎瓷片。山体给建筑提供了优美的环境背景，也为创新"建筑"语言提供了更多可能性。

当我看到山野中的这样一种风景，我希望建筑最后能表现出青瓷之韵在田野中流动。我很希望用建筑还原出这么一种意向——田野若隐若现的青瓷片破土而出。碎片、青瓷的残体，组合在一起，以一种柔和的线条与山体相互渗透，与自然有机的结合。另一方面，建筑的材料像是烧制青瓷用的匣钵的颜色，在各个方面都与当地环境达到较好的协调。此外，建筑表面的洞口也很有寓意，仿佛窑址中塞进柴火的孔洞。换一个角度去欣赏，博物馆又像绘画艺术家笔下的一组景物，展现出了一幅恬静、优美的画面。建筑造型是青瓷这一珍贵的文化遗产的抽象表达。

在建筑周围的景观设计上，起初周边的景观进行了过多的设计，显得过于人工化了。我们多次和建设方提出这个问题，在我们的一再坚持下，他们拿出四百万，由我们负责，从整体出发，将景观作了一些改造。以便更加明确地体现我的设计思想。

李叔同祖籍浙江平湖。出家前，他是一位才华横溢的艺术家；出家后，他是一位极有声望的高僧。他以其高洁的品格，传奇的人生为后世留下了一笔灿烂的精神财富。因为平湖是其母亲的家乡，

"顽石"——四川建川博物馆（战俘馆）外景

建川博物馆（战俘馆）——水院

"青瓷之韵"——龙泉青瓷博物馆

为了弘扬宣传弘一法师的伟大精神，平湖当地决定在东湖景区的小岛上兴建弘一法师纪念馆。当时我做方案的时候，领导和我都明确一个想法：弘一法师是佛教高僧，他不仅在中国影响深远，在东南亚和日本同样如此，希望纪念馆能够成为城市和历史的名片。如何表达弘一法师与"佛"的关系？如何将建筑与周围的小环境相协调？是我在设计中着重要解决的问题。

设计伊始，我们多次去现场考察、走访，力争最大程度获取资料信息，尽量避免'执象而求'。最后我将着眼点落在了处理环境尺度与建筑尺度的关系，把握纪念与被纪念的关系上。岛是"溢"出的土地，树是岛忠诚的守护者；基于此，方案几易其稿后让纪念馆

"溢"出岛外，从而使岛少受束缚。建筑最高处稍高出树端，主体部分则低于树冠高度。这个尺度使建筑在周围环境中脱"树"而出却不张扬，相对于参观者也是尺度宜人，既不会觉得整个纪念馆像一件具象的小品，也不会有压抑之感。

纪念馆整体造型为一朵盛开的莲花。我们希望以佛教文化中的莲花来隐喻他圣洁的品格，以略显夸张、或者说不失浪漫的造型，来表现李叔同的传奇的一生。李叔同是一个高洁的人，用莲花能很好地表现他的性格。建筑的中央是交通大厅，周边"花瓣"是展厅，这样处理是因为凌空的"花瓣"可以减小基座大小，使纪念馆与岛、水融为一体，从而营造出一个"水上清莲"的形象。

绍兴鲁迅纪念馆位于鲁迅故里的中心位置，旁边是鲁迅祖居、三味书屋等一系列鲁迅先生的文化建筑。纪念馆位于传统街区，根据规划要求，建筑形式必须与周边的传统建筑保持一致，这也正是我们所认同的。但是完全仿造传统建筑的形式和布局做一个现代的博物馆又是不可行的。首要原因是传统建筑的布局、尺度并不能够适应现代化展馆的要求。还有一个原因我们曾经诙谐地说："鲁迅先生做了一辈子反封建反传统的斗士，我们再用传统建筑来做他的纪念馆，他一定会气得跳起来的。"这虽然是句玩笑话，但也说明了完全采用传统建筑的形制并不符合鲁迅反封建斗士的形象。

经过一段时间的反复思考，我们希望在延续原有街区的肌理的前提下，给人们以新的观展体验。台门是绍兴传统民宅的一种典型布局，我们保持了台门前后院、多层次的传统的布局精神，但是将前后两组展厅错位布置，同时运用展厅的一层界面稍做旋转的手法，使得纪念馆的室内布局显得活跃起来。在设计中，虽然我们仍沿用了

李叔同（弘一法师）纪念馆夜景

传统的水院、窄巷，但处理手法十分自由，特别是一层部分采用黑色的金属构件廊架、玻璃与大面积"粉墙黛瓦"的对比。

正因为在采取现代元素的同时保留了对传统的尊重，所以完成的纪念馆既有传统文化的气息，又很符合现代人的审美趣味，符合现代展馆的要求。从高处鸟瞰，纪念馆完全融入周边环境的肌理中；以人眼视高来看，纪念馆的入口与周边环境保持了和谐与统一。但是纪念馆内部，无论是建筑空间和形式，还是色彩都给人以一种全新的感觉。

博物馆位于规划的新城中心，石文化是温岭市主要的文化特征，新城又处在石夫人山的山峦的怀抱之中，我希望能够做到文化、环境与建筑造型的内在统一。因此便有了"石夫人山下的顽石"的创意。在这个方案中，不是仅仅为了非线性和数字化而进行的造型设计，由于"顽石"的不规则性采用非线性的有中国特色的石头造型应是一种十分自然的选择。而具有中国文化特征的非线性建筑造型，让博物馆建筑与周围成片的高层建筑区分开来，以凸显其作为城市中一个标志性建筑。这是与规划要求相符的。在我看来，数字"语言"作为方法和手段，大大地拓展了建筑艺术的表现力。

鲁迅纪念馆

未建成

采访者：相信每名建筑师都会有一些方案，因为种种原因没有建成。在半个世纪的建筑生涯中，有没有未建成的方案让您感到遗憾的？

程泰宁：我想每名建筑师都会碰到自己心仪的项目，最后由于种种原因未能建成的情况，这是一件很遗憾的事情。遗憾首先来自于方案的完成与构思有出入。对一名建筑师来说，很难说哪个项目满意，哪个项目不满意。方案总会在完成度上与预先设想的有所出入。毕竟现实总是比理想要复杂得多。但更多时候让人遗憾的不是方案与预期的不一致，而是一个好的方案因为种种非专业的原因而被否定。中国现在方案决定权不在建筑师手中，而是在领导、建设方、开发商手里。很多我认为和周边环境、当地文化结合得很好的方案被他们的一句话就给否决了。而在其中，河姆渡遗址博物馆、杭州火车东站、厦门悦海湾大酒店这三个方案是最让我遗憾的。

河姆渡遗址博物馆最终没能中标。我们的方案被领导部门认为

"不像建筑"、"没有坡顶"、"没有表现干栏式建筑"而被否定。建筑应该表达什么？又应该如何去表达？答案可能是多样的。但我认为：营造一种气氛、表达一种意境可能要比采用某种形式重要得多。如果只追求形似，已经差了一个层次。何况把谁也说不清的干栏式建筑演绎为手段和规模决然不同的现代建筑，恐怕只能是变味了。在这个方案中，我认为重要的是遗址和氛围，而非有形的博物馆。

杭州火车东站前段时间才刚投入使用。现在建成的建筑并不是我的设计，对于现在的方案我不想去过多评价。我认为我的方案充分考虑了周边的建筑和环境。如果换一种方式盖的话，可能既能表达出杭州的韵味，又不失现代感。

厦门悦海湾大酒店方案，我们团队花了近半年时间，做了精心的设计。我们都认为方案和环境结合得较好，充分利用了海景，并对基地旁边既有的 300 米的高层做出了回应。但规划局却因为高度超过他们认为合适的范围，依然把方案否决了。

对于这三个项目，我们团队花了很大的力气，而且最后的方案我还是很满意的。但满意的方案却因为一个很小的原因就被否定，这对于作为设计者的我来说是很遗憾的一件事情。这种遗憾不仅仅是我个人的，由于这些和环境结合很好的建筑最终没有建成，也是城市的遗憾。但从另一个方面来说，这些建筑由于没有最终实现，所以并未受到物质世界的"污染"，可以永远以某种理想化的状态存在，这或许是这些未建成方案存在的意义所在吧！

河姆渡遗址最初给我的触动是一张现场发掘的照片：发掘坑有三层，逐层收进，并以斜道相连。在不同层次上挖掘出不同年代的工具、粮仓、木质构件。我认为建筑和发掘坑相比，应该是退居次

设计作品——顽石

要位置。所以在方案中我把发掘坑所包容的无形空白倒过来，使之有形化，整座建筑以纵横交错的构架走廊作为经纬，一个个不同标高的展室自由的"挂"在构架走廊上，这就形成了一个群落。我想，这种适宜的尺度、自然而质朴的形体，是能够植根于姚江大地，并具有现代气息的。

　　最终这个方案并没有获得领导的认可。在方案评审的过程中，他们认为这并不能体现河姆渡的文化。而我则不这么认为，在河姆渡遗址博物馆中，我认为重要的不是博物馆，而是遗址；重要的不是有形的"坡屋顶"或是"干栏式"，而是无形的意境，是久远的古代文化所产生的历史感、神秘感。发掘现场和出土文物所散发的原始而粗犷的气息，是我所追求的是超出形式之上的更高的审美境界。

现代车站的功能高度复合，可以说是一座"轨道交通枢纽综合体"。我们首先考虑的是如何使各种交通方式的无缝衔接，如何让出站和入站的人流便捷疏散。为此，我们将东站建筑分为五个层面，由上至下分别为：高架候车层、商业夹层、站台层、快速换乘层以及出站通道层，并相应设计了垂直通道。我们尝试让即时上车以及在各种流线之间换乘的旅客不必进高架候车层，而可直接从快速换乘层到达站台上车，实现了真正意义上的零换乘。通过这种方式，我们解决了以往大型车站设计所没有解决的问题，这也是我们在火车站流线设计上的突破。

火车站不仅仅要承担城市交通枢纽的作用，更是一张城市名片。除了对火车站的流线有较多考虑之外，我们也对杭州东站所代表的城市形象进行了细致的推敲和分析。新东站建筑形象以传统木构构架、组合坡顶、高翘戗脊及黑白对比的色彩构成为原型，同时将江南传统的伞和扇的形象融入建筑意象之中。在保留杭州城市韵味的同时又不失现代感，最后方案的效果还是很令人满意的。

除了以上两点之外，我们还对建筑运行和施工的"绿色化"进行了一番研究。在设计过程中，我们反复推敲了新东站的层高，候车室 5.5 米的层高，既满足了交通建筑空间开敞的特征，同时，候车室全封闭的设计也避免了一些大站空间开敞所带来的能耗问题。

在方案构思初期，我们首先考虑到的是基地周边的主要城市交通和人车流方向。我们在确定建筑的各个流线的同时，也在研究了建筑主要的形象视点。由于酒店是个高层，又紧邻海边，周边是密集的高层建筑。建筑如何成为高层到环境之间的过渡是我们要思考

"大象无形"——河姆渡遗址博物馆概念设计

的问题。我们选取了曲面加顶部逐层退台的建筑形式——整个建筑最高点 200 多米，最低点 120 米，让方案能够和旁边的 300 米高双塔具有和谐的过渡关系，并获得一条优美的城市天际线。

除了对城市环境的考虑，如何让酒店内部的客房获得最好的景观面也是我们要解决的问题。在客房部分，因为基地贴邻海边，我们采用了单廊板式的塔楼结构，使客房能够全部朝向海面，以获得最大的城市展示面和一线海景。在底层的裙房部分，我们采用将塔楼局部架空的做法来实现屋顶绿化朝向海面的视线通透性，同时结合裙房四层的游泳等休闲空间营造出舒适的景观空间。

现今上海 CBD 陆家嘴区域中高楼林立，而当时做的上海中心的概念设计方案更是作为中国的第一高楼来设计。由于上海经贸大厦，环球金融中心都是由外国建筑师设计的，造型和手法都很"西方"。在我看来，西方建筑师做超高层常用的手法就是做"形"：切、削、扭转和块面构成。而我们作为中国建筑师，则想扎根于本土，做一些与外国建筑师不同的东西。于是我们摒弃这种手法，换一种思路，想在寓意上做点文章，从而使建筑有了文化内涵，并且在造

杭州铁路东站概念设计方案

型上也有突破。设计中如何超越单纯的形式迈向更高的文化层面，以形写意，是我们所要着重探索的问题。

礼文化是中国传统文化的核心，璧与琮，正是传统礼文化的物质载体。《周礼》"以苍璧礼天，以黄琮礼地"。璧与琮包涵了整个宇宙天地，寓意天地的和谐统一。以玉璧、玉琮为原形，以"礼"为文化内涵的造型设计，挺拔秀丽，大气典雅，同时也突破了一般超高层建筑的造型规律，在形式上有所创新，并突出它的文化品位。在设计时，也加入了中国古塔的元素提取和探讨。和现有的超高层相比，我觉得我们的方案在手法和造型上都是不可重复的。

618米的超高层建筑同时又如一个竖直城市。其垂直交通组织、生态环境、节能、防灾以及结构造型等，都是必须解决的问题，在设计中我们都作了深入的研究和探索，积累了宝贵的知识经验。

厦门悦海湾大酒店

第 4 章

院士印象

叶湘菡
原杭州市建筑设计研究院党委书记

采访者：您和程院士曾经一起被下放到山西临汾，您能否谈一谈那段时间程院士的生活和工作情况？

叶湘菡：当时被下放到山西的有很多知名的建筑师。相比之下，程工（对院士的习惯称呼——编者注）算是很年轻的，只有35岁。我们被下放到的城市在临汾，这是一个很小的城市，生活和工作条件都很差。当时有人问我们："你们这些人来干什么？你们又会干什么？"我们心里很不是滋味。我们也会有几个月发不出工资的时候。为了应对这种情况，我、程工会抽出一些钱来，组成一个基金，给有困难的人应急。

程工刚下放时，我对他的印象并不太好。因为"文革"时期组织学习的时候，他在下面自己看书不认真学习。后来随着我对程工的了解，逐渐发现他是个很执着的人，而且他思想非常活跃，擅长创作，是搞研究的类型。还记得那时候，程工为了搞一个小化肥厂设计，特意下过炼钢厂去实地调查和收集资料，还买了很多关于小化肥和化学方面的书籍。

后来，我们总想接点项目来做。但在那个时期，我们只做过一个方案，是个公共厕所。当时我们为了能够找点事情去做，还搞过小作坊，小工厂。后来，终于接到了一个真正的设计项目——临汾的东方饭店。虽然建筑面积仅有一两千平方米，但程工却将全部

在工程院大会上（左三）

的热情和精力投入其中。举个例子，为了能把地面做得更好，他打算用水磨石。而当时在临汾，根本没有人知道水磨石该如何去做。他就跟施工单位、工程师坐下来一块讨论做法并且亲自到现场去指导，悉心研究各成分的配比。接下来我们又做了新华饭店、剧院等工程，虽然规模都不大，但在临汾渐渐有了较好的口碑。

随着临汾地区设计院的名声逐渐响亮，我们终于接到了我们在太原的第一个任务——云山饭店。在这个项目当中，程工虽然担任副手，但由于其出色的个人能力，他对整个项目起到了主导作用。这体现在两个方面。首先，他有很好的绘图基础，手工制图很漂亮；其次，他在建工部设计院的时候，看了很多书，有丰富的知识积累，设计水平在年轻人中也是出类拔萃。最终建成的云山饭店获得了很好的评价，得到了国家设计的优秀奖。后来程工又做了山西人

在公司与学生、同事讨论方案（左一）

民大会堂的项目，随着他做的项目越来越多，知名度也越来越高。

在山西工作的时候，我就感觉程工对待工作非常执着，他的组织能力很强。而且由于他在设计方面的专业能力优势，让他能很快在工作中成为带头人。

采访者：后来您又和程院士一同被调到杭州，那段时间你们一起合作做了不少优秀的项目，您能介绍一下他来到杭州之后的情况吗？

叶湘菡：初到杭州的时候，由于在中东河改造的问题上同市里面意见相左，程工出任院长也是费了一番周折。那时他提出"立足杭州，放眼世界"的目标。正是在他的带领下，杭州这样的二级城市的设计院，能够成为全国第一批甲级设计院。之后程工不仅在国内接了很多项目，还承担了很多援外的工程。我们最早接到的援外工程是加纳国家剧院，通过对非洲当地文化的考察，程工加深了对非洲文化的理解，通过捏泥塑的方式最后选定了方案，加纳国家剧院是一个很成功的作品，即便是从今天的角度来说也是很优秀的，杭州市建筑设计院的声誉因此得到了很大提高。

程工在工作上很执拗，同时又是一个很重情义的人。对曾经给过他帮助的人，他总是会默默地回报。有一次，程工跟我说，他一个人跑到监狱中去看望了曾经帮助过我们的老领导。我当时就说他，像这种情况，最好离他远一点，不能沾边。他却说："在我们最困难的时候，人家给了我们很多支持，现在我们应该去看看他"。程工那个时候已经是很有地位了，还跑到监狱去看犯人，的确很难得。

采访者：听说您和程院士在"文化大革命"前就相识了，一起被下放到山西，后来又一起被调到杭州，您能说说那时和他在一起工作的经历吗？

陈忠麟

原杭州市建筑设计研究院现中联筑境建筑设计有限公司总工程师

陈忠麟：刚开始工作的时候，我和程工都被分配到建设部下面的建研院标准设计研究所，但他在建筑部门，而我在结构部门。虽然各单位都在一个大院子里办公，但由于不在一个部门，所以当时并不熟悉。"文化大革命"以后，我们这些人都下放到山西，程工、叶工（叶湘菡）在临汾，我在运城。

被下放到山西的那段时间，有一些事情让我印象深刻。"文化大革命"时期，大家要做一些义务的政治工作。程工在艺术方面很有才华，他自己设计自己制作，为每个人都做了一个毛泽东的会章。程工的才华不仅仅体现在艺术上，他的文学功底和组织能力都很出众。每当他做报告的时候，大家都会安静聆听。后来我们才知道，在学建筑前他本来是准备学文学的。

1980年改革开放后按政策，知识分子可以调回原籍，因为我们都是南方人，所以最终选择来到杭州而没有回北京。当时，各个专业都很齐全，可以组成一个完整的设计团队。大家相互协助支持，共同度过难关。后来"分院"的时候，叶工成了书记，程工成了院长。改革开放初期，需要提拔一些年轻的知识分子做干部。省里面就想让程工在建委的主任、党委书记、建筑总工这三个职位中选一个。但是由于三个职位都是做行政工作而不是做设计，程工都放弃了。

程工在做院长之后，他的主要精力依然放在建筑设计上，行政工作他只把握一个大方向，具体事务都由他的副手承担。记得在刚起步的时候，程工的工作很艰难，他肩上的担子也很重。与此同时，我们接到了三个很重要的项目，黄龙饭店、新侨饭店、中日友好饭店。杭州在之前最高的房子是"华侨饭店"，也仅有五层，而我们拿到的三个任务都是18层建筑，在那个年代，可以算当之无愧的"高层建筑"了。当时国内并没有盖高层建筑的经验，我们可以说是摸着石头过河。这三个高层饭店在当时受到了很多质疑，有人说盖高层势必要打深桩，会造成浪费；还有人说裙房和主楼做在一起会对建筑的整体稳定有影响。我和程工都承担了很大的压力，但所幸最后三个建筑在我们的努力下，最终都圆满完成了。以今天的角度来看这些方案，依然很令人满意。其中的黄龙饭店，还获得了国家优秀设计铜奖及中国建筑学会创作奖，作为参与者我们都很高兴。

采访者：和程院士一起合作这么多年，您认为程院士是以什么样的态度对待工作的？

陈忠麟：程工人很聪明并且记忆力很好，文学功底深厚，并且天生就有一种领导能力。如果说这些是天赋的话，那么他对专业的执着和投入则是后天的努力，当时我们在一起工作的时候，程工每天都要工作到晚上七点以后，不仅如此，每个星期六、星期天依然在办公室里工作，也没有进行娱乐或者外出旅游。

程工做的很多项目外形很独特，这给我们结构工程师带来不小的难度；并且他将每一个项目都当做艺术品，不允许出现一点瑕疵。而我们负责结构的则更多关注在"结构是否可行"上，由此可能会产生一些分歧，在这里我想举两个例子来具体说明一下。

一次我们去看现场，程工认为某座建筑底部的一个构件和整体很不协调，坚持要把这个构件去掉。而当时建筑底部已经装修完毕了，而且如果将房子做高一点，不协调的构件就会被挡住，对建筑整体完全没有影响。这对我们结构工程师来说并不是什么问题，但是程工却坚持要进行整改。最后建筑呈现出来的效果却证明程工的做法是正确的。起初我并不理解，后来随着和程工的合作逐渐加深，才渐渐理解了他的那份对完美的坚持和追求。

另一次是李叔同纪念馆的项目，项目的规模并不大。纪念馆底下有七个悬挑的花瓣，花瓣中间有一个中央交通大厅。由于花瓣要挑出很远，对悬臂的要求很高，所以悬臂中间的核心部位需要现浇来把它固定住。作为结构工程师,我觉得这处一定需要加固,所以做了一块现浇的石质平板,但施工完毕后现场效果并不理想。程工看到后很生气,责问建设和负责结构的人为何没对这处细节做处理。最后在他的坚持下,我们一起花费了很长时间和很大的精力,重新设计受力构架,处理了这处细节。整改前,"李叔同纪念馆"已经是一件比较完美的作品;整改后,纪念馆整体显得更加精致。

经过和程工的多次合作,我渐渐明白,作为建筑师,他的出发点与结构工程师并不相同,他并不是关注于"可行"或"不可行",而是关注于"好"和"更好"。后来我跟一些年轻的结构工程师说,跟程工合作的时候,他对细节的苛求并不是在找麻烦,而是自发地想要把建筑做成一个完美的艺术品,所以我们要全力配合。

王幼芬

中联筑境建筑设计有限公司总建筑师
东南大学建筑设计与理论研究中心副主任

采访者:王老师,您和程先生共事已有二十余年,程先生有哪些事情给您留下了深刻的印象?

王幼芬:程先生是一个为做建筑设计而生的人。不管是他的工作,还是他的生活状态,似乎都是围绕建筑设计展开的。只要有设计项目在,他就会像是被注入了巨大的能量一样,一直乐此不疲。而一旦项目短缺或进展不顺,那对他来说就是最郁闷的事了。只要是有他喜欢的设计做,他就很满足了。由于他全身心专注于工作,所以在生活上也舍弃了很多。为了工作,在早年不得不把孩子送到父母处抚养；为了工作，每次院里面组织或安排的旅游或休养，他都极少参加。即便是生病住院，他也会在病房里安排讨论项目。工作似乎就是他生活的全部，每个双休日都是他的工作日，永远是兢兢业业，不知疲倦。

程先生对建筑设计投入的巨大热情与创造力，常常让我们这些晚辈也感到惊讶，有时看到他能同时操作八九个项目，我们都会担心他的工作强度太大，身体会吃不消，而他总是笑着调侃说："债多不愁，虱多不痒"，应对自如。在他的办公室门口，常常会见到"排队"等着一批批需要"门诊"的设计人员或者学生，处理这些"门诊"也常常加班加点。

为了做好项目，程先生总是多方案比较，反复改图，精益求精，直至自己满意。特别让人敬佩的是，程先生虽然在建筑上已有很深的造诣，但他依旧在建筑创作上寻求新的突破，他会不断地尝试新的建筑语言，甚至包括复杂的非线性及参数化设计。因此你永远想象不到他的下一个设计会是什么样，他永远在变，在探索。

周旭宏

中联筑境建筑设计有限公司总建筑师上海公司总经理

采访者：程院士都已经 80 岁高龄了，听说他还是奋战在设计的第一线，请问一下他平时是以什么状态工作的？

周旭宏：程院士的生活很有规律。他总是早晨八点半准时到办公室，查阅有关资料及信息。上午开讨论会研讨正在进行的方案及工程，指导处理技术问题；中午在食堂吃简单的午餐；下午方案创作，辅导学生撰写论文，晚七点以后下班。周六周日也不例外，几乎没有休息日。此外他还要经常出差，参加学术会议及到工地指导。这就是程院士的日常工作。

程院士在主持设计多个从方案到施工图项目的同时，还要主持各种课题研究，辅导硕博团队，他对工作的认真态度及工作强度，就是年轻人也望尘莫及。

程院士虽然在中国建筑界已是泰斗级的学者，但他从没一点自满情绪，一直在不断学习。他对建筑以外的东西也有非常浓烈的兴趣爱好。读武侠小说、听流行音乐、看时尚书籍等。正是这些爱好给予了程院士源源不断的创新源泉，使他的作品不断给人以惊奇。好多人问我，程院士作品遍布海内外，几乎把国内所有建筑界奖项揽入怀中，又位居院士，可以说功成名就。现在他已80岁高龄，也该休息休息，享受一下人生，为什么还这样拼命工作呢？我们这些常年在他身边工作学习的人知道，工作就是他最好的生活，最好的享受，程院士对建筑的热爱，可能常人难以理解。他拥有一颗永远年轻，充满活力而对工作永远进取的心，这就是最好的解释！

薄宏涛

中联筑境建筑设计有限公司副总建筑师上海公司副总经理

采访者：薄总，首先恭喜您获得了第九届中国建筑学会青年建筑师奖，我们知道您跟随程先生多年，既是他的助手，也是他的博士生，想必您在先生身上一定学到了很多东西吧！您能具体谈一谈吗？

薄宏涛：我是程先生的部下，也是他的学生。

上海分院 2005 年建立，我于 2006 年就加入其中，算是老员工了。我本科 1998 年毕业的那一年，正好看到贵社出版的程先生的作品集，叹为观止，非常感慨先生作为中国建筑师能做出像加纳国家剧院那的作品，那是和柯布西耶作品一样的力度啊。所以在 1999 年到北京开 UIA 大会时，遇到程先生的讲座，我也跟着一大帮人一样上去要签名，因此和程先生认识了。后来机缘巧合，我到东大报考程先生的博士，成了先生的学生。

在外人看来，先生如果会降龙十八掌，那到现在估计已经教给你第十七掌，十八掌学会没有，那就看你自己的悟性和造化了。但是实际上，我个人认为先生是属于那种"无招胜有招"的建筑师，他不是有具体的招式教给你，而是在一起工作的过程中传达给你他自己对于建筑空间、场所和文化的理解，这是一种潜移默化、耳濡目染的方法。或者是说先生像一个气功的高手，他的气场会慢慢浸到你的身体里面。从另外一方面说，程先生对我而言，是一个标杆。他对于项目的那种专注和执着，是我们作为青年建筑师应该不断去探索、学习的。先生像灯塔一样引领我们在道路上摸索着前进。在这个过程中，你就要用心去捕捉做设计的这种"只可意会而不可言说"的感受，如果你捕捉不到，或者你捕捉错了方向，你可能会迂回而路远，但只要你自己心底有这个诉求，有恒心和毅力朝这个方向去走，那么，殊途而终至。走的快和慢看自己的悟性，这是我的一个感受。

我的另一个感受是在做具体项目的方式上，程先生的各个项目形象上会有很大的差别，但是其中又有共通之处，他试图通过建筑传达一种属于土地的、属于我们本土化的建筑氛围，从而引起人们在人文上的共鸣。关于这点，需要你悉心去体悟。比如，先生做设计，从构思到出草图的过程中，我们也平行地会做很多用于比较的方案，然后大家在一起讨论。一开始我经常觉得摸不着北，弄不懂先生画的草图表达的是什么。因此我只能尝试去猜，你猜了A他说不对是B，你猜了B他说不对是C，这个过程还是蛮彷徨的。在这个团队中工作了几年，或者说有了一定的积累以后，程先生讲的一些东西，我才逐渐有了更好的理解。

我还想谈一谈我跟程先生出去参加学术会议的一些体会。这些会议，各种级别、场合都有。虽然大体东西讲得差不多，但每次我听起来都不一样。每当觉得这些东西我已经听懂了的时候，再次聆听，发现同样的东西又会引发更多的思考。程先生的项目，如果让我去做介绍，我能就事论事的把项目讲得很清楚。但是真的讲到创作背后的思索，却还远达不到先生的这个境界。每年春节前，我都会跟先生进行一些非正式的学术讨论，包括"书为什么读、怎么读"，"朝哪个方面去做一些研究"，"对什么东西、哪些学术点比较感兴趣"等等，每次聊完都觉得先生对问题理解之深远远超过我的想象。我的感觉是，每当你的认识水平提升一个水准，上一个台阶，你推开下一扇门的时候，先生那儿还有更多的东西等着你。

采访者：您是如何理解程先生的作品的？

王澍曾经对自己有一个描述，他说："我在成为一个建筑师之前，先是一个文人。"包括他的工作室，就叫业余建筑工作室。我眼中的程先生更是这样的一位文人，在作为一位建筑师的之前，他首先是一位学者，是一位文人，是一位对于中国传统文化有很高热忱和深厚积淀的大家。

而正是由于对于本土和传统文化的深厚的积淀、对于西方从古典主义时期到近现代的艺术发展的脉络清晰地了解，使得先生能够在他创作的过程中，游刃有余地通过建筑传递出一些他希望表达的精神气质，这个东西我觉得不是靠我们通常讲的手法操作能够呈现的。单纯的形态，只能给人以视觉上的冲击力。但是对于中国传统建筑来讲，营造的空间氛围，"虚"的那部分，相比"实"的那部分来说更为重要。先生不会很刻意强调形一定要做成什么样，而是真正关注人进入到建筑之后的感受。真正打动内心的可能是空间，也可能是空间里面的一泓水，也可能是一片芭蕉，甚至是坐在凉亭中听到雨打芭蕉的声音。这是程先生无论在境外还是境内，当下还是三十年前的项目，所共同呈现出的特点。俗话说"功夫在诗外"，程先生诗外的功夫很深，这是我们后学晚辈应该向先生学习的地方。

程先生常教导我们，有时候你在工作时可能会感到迷茫，找不到方向，但是，这样的一个过程，其实最能够激发出你对于建筑，对于场地最朴实、最本质的东西的发掘。只有在关于形没有明确方向的时候，才可能会撇开"形而下"，去找"形而上"的部分。形而上的东西，其实才是真正属于那块土地的。只有做到这点，建筑才会有感染力。

胡新
中联筑境建筑设计有限公司总经理

采访者：胡先生，您好！您在程先生身边工作多年，应该说对先生非常了解，在您看来先生成功的秘诀在哪儿？

胡新：应该说，程先生的生活和工作方式与常人还是有所不同的。

首先，先生的身体素质非常好，记忆力也很强。先生每年的体检结果都出奇的好，让他的保健医生都感到很惊讶。在我看来，这得益于程先生规律良好的工作和生活习惯。上班时间，除了中午有两小时午休以外，其他时间他都在进行高密度的工作。到家以后，除了看书、看报纸、看电视外，他还会在院子里面快步走，并做一些简单的跳跃，以"要出汗"为标准。程先生每次出差，哪怕学生想替他拿包都抢不过来。良好的身体，是他仍奋战在建筑设计第一线的基础。

其次，我想谈的是他的坚韧不拔。他常跟我说："第一不要怕矛盾，第二要坚持。如果判断这个事情会有矛盾，不能怕；如果碰到了矛盾，也要依靠信念坚持下去，带着对结果负责的态度去做。"这席话带给我很大的启迪。

第三，先生的思维特别高远。先生在十年前创院的时候，就下定决心要拿到建筑工程甲级资质。否则的话，想做大型的项目，想继续发展，就会受到很大限制。如今，程先生虽然专心于设计，不再参与院里具体事务的管理，但其对于院内发展的定位和大方向都非常准确。

程先生思维的高远并不止体现在企业的发展和规划上，更重要的是体现在专业上。程先生经常说做设计必须要"眼高手低",就是他允许眼高手低,但是他不许眼不高。他常说:"眼高了,手才能高。手要高的话,可能因为很多制约因素暂时做不到;但是如果眼不高,说明没动脑子,如果脑子都不动的话,这个人就废了。"程先生也希望,有朝一日,我们的团队能代表中国走向世界建筑界,让全世界听到中国建筑师的声音。

第四,程先生的阅历和知识经验很丰富。每次陪程先生去调研,先生都能对当地的地方历史和风土人情如数家珍,能和对方进行良好的沟通。而对于我们来说,除非先开始做调研,要不然肯定满脑空空,这是他的文化积淀。程先生不仅对书上的知识如数家珍,对当今的时事也能信手拈来,例如,"中国好声音"中谁第几,谁唱得好,谁跟谁一队,先生都很清楚;刘翔的百米纪录,刘易斯的百米纪录他都能够说得出来。之前我也问过他为什么这么关注这些,他说我作为一个建筑师,我就必须对这个社会有更多的了解,这样我才能够捕捉到最新的信息,做出的作品才能不被时代淘汰。

我非常感谢程先生,他不但为我们提供了一个平台还鞭策着我们不断前进。作为一个 80 岁的老先生,他的思维,他的进取心是我们这里任何一个人无法比拟的。

采访者:上面我们谈程先生个人的东西比较多,作为"筑境"的总经理,您能给我们介绍一下咱们团队的情况吗?又是如何在管理和架构上为程先生的创作提供支撑的?

胡新:我们整个团队分为两个部分,一个是中联筑境建筑设计研究院,一个是东南大学理论研究中心。其中,前一个是生产单元,后一个主要负责教学和科研工作，共同承担"产学研一体化"的任务。在此之上，另设有"院部"，负责管控整个机构的运行。

现在设计院有接近 200 人的规模，在上海、杭州、成都都有分支机构。我们设计院有一个"三角形定位"，分别是"学术性"、"市场化"、"现代型"。

东南大学理论研究中心，每年会招收十个左右的学生，他们在中心完成自己的"学分期"和论文期，而"工程实践期"就在我们的生产板块里面进行轮训，优秀的学生就会被留在团队中。

设计中，我们会有专项研究的课题问题，例如博物馆的、酒店、学校建筑的专项研究，会交由研究中心的老师带着学生完成，研究的成果又反哺我们的企业。

在整个团队中，我们有两个中心的概念，一个是实体的建筑设计研究院和东南大学建筑设计与理论研究中心，还有一个虚拟的程泰宁建筑设计创作中心。所谓的程泰宁建筑设计创作中心是由杭州、上海和南京三地支撑的构架。当程先生做项目的时候，可以从任意的团队里面抽取合适的助手协助他去做最好的项目。通过"院部"对财务和人事进行统一管理。利用这一构架，整合全院的资源来支持高端精品项目的创作设计，是这个虚拟中心存在的目的和运行的思路。从建筑创作、技术角度来说，这个虚拟的"程泰宁建筑设计创作中心"作为高端项目的核心点，是我们整个团队的中心。

王静

东南大学建筑设计与理论研究中心副主任

采访者：东南大学建筑设计与理论研究中心是一个什么样的机构？程院士当初创立这个机构的目的是什么？

王静：东南大学建筑设计与理论研究中心是一个集科研和教学于一体的机构，承担了程院士主导的科研任务和研究生教学任务。

在科研工作中，程院士站在国家决策的高度，就城市建筑价值观、东西方跨文化对话以及建筑设计的科学决策体系等关系国家建设的一系列重大问题，提出高屋建瓴的见解，提升了建筑与理论中心科研的整体思考水平，为"中心"建立起我国建筑文化研究的科学体系起了关键作用。

在教学工作中，程院士一贯采用结合设计实践的教学方法，在实际工程项目的设计中传授专业知识，加强学生的设计能力。程院士对待他的学生总是很耐心，他认真听取学生对方案的见解和思路，和学生一起进行方案讨论，启发学生的思路；但是在耐心的同时，程院士对学生也有较高的要求，他要求学生端正学习态度、严格遵守学习纪律、熟练掌握专业软件等设计工具，对设计也要有敏锐的视角。

程院士既是一名建筑师，又是一名教师，他当初创立机构的目的是为了适应当前我国高校教育中产学研一体化的整体导向。而从成立至今，我们也一直在和筑境建筑公司一起共同探讨产学研一体化的教育方法，为培养应用性专业人才探索有效的途径和方法。

王大鹏
中联筑境建筑设计有限公司杭州公司副总建筑师

采访者：听说程院士对待项目非常严谨，甚至可以用苛刻来形容，您和他一起工作多年，能不能具体描述一下？

王大鹏：我和程先生一起工作不知不觉已经有十年了，和他培养了深厚的默契。我对程先生最深的印象是他做设计的韧劲，有理想的建筑师都会想要做出"精品"。但是在当下快速建造的大环境下，想要做出"精品"的愿望常常会被商业利益所左右。所以光有"精品"意识还是不够的，更重要的是坚持做"精品"的意志。举个正在实施的项目作为例子，南京博物院二期工程的建筑立面有几处透雕石材，我们虽然起初在图上要求透雕图案由建设方委托艺术设计公司协助完成，但实际的效果不理想。后来我和程先生进行了分析修改，甚至做出一块 1∶1 的样板进行推敲，但是局部安装完后，效果仍然差强人意。为此，程院士亲自和业主提出对已施工的部分重做，在建设方的支持下，调整后的方案实施效果很好。这个工程配合的公司一开始觉得工期紧张，返工可能性不大，更何况在他们看来前面实施的效果已经不错了，最后的结果对这些公司产生了很大的触动。后来他们在现场遇到不清楚的地方都会及时和设计方、建设方联系，弄清楚确认后才施工，这可以说是意志战胜了意识，最后才能落实到行动上。

现在的设计周期基本都很短，建设方急着要图纸办手续，面对这种情况程先生也采取一定的对策：先出完全部施工图，再根据施工的时间差对方案进行修改、调整，最后根据调整情况对需要修改的施工图纸进行替换。即在建造的同时，设计人员建出建筑外观甚至室内重要空间的三维模型，他再接着推敲修改，一般说来这些修改基本不影响到建筑面积和结构。比如在南京博物院项目中，我们就曾对建筑施工图的 40% 左右进行了替换。

此外，程先生对建筑材料的选取极为严谨和考究。这种严苛建设方有时候很不理解。我经常和他们解释，同样的一个色号的棉布、麻布、丝绸会给人完全不同的感受，所以建筑师对材料选取必须谨慎。以浙江美术馆为例，在石材选取上，我们初定下一个基调，不是简单的冷而硬的白色，而是稍微润一点的颜色，能够和钢、玻璃和谐搭配。这些材料共同组合会给人以江南水乡粉墙黛瓦的感受。经过多次考察，我们基本选定一种石灰石。但是那时这种石材的质地柔软，在国内应用的案例很少，大家担心酸雨会对其产生影响。为此，程先生亲自去德国看了用这种石材建成 20 年以上的建筑。而又因为同一种石材不同矿层的颜色也是有区别，程先生专程到石材矿场选定了石材矿层。还有在玻璃的选择上，程先生也是反复思考比照，甚至做了试验。因为这个项目玻璃屋顶折边很多，玻璃颜色和质感决定着项目的成败。程先生希望玻璃反光不能太强，玻璃要透但是又不能通透，要有水墨一样的意韵，如果特别透，就可以看清里面的结构杆件，而且也会减弱建筑的体量感，但是不透建筑就会显得沉闷。后来为了试验，我们在工地上搭出了个大概 2 米 ×2 米的房子，房子的顶做成了折面玻璃，可以旋转角度，在不同的天气里看效果，最终选择了最合适的一个。最后建筑完成的结果还是令人满意的。

采访者：为了建造出心目中的"精品"建筑，能具体谈谈程先生是如何对项目实施工程进行控制的吗？

王大鹏：为了让工程达到我们理想的效果，根据我们多年工作总结出的经验，我们尽可能地将设计意识贯穿到整个项目的各个环节，当然这也是程先生的一贯要求。建筑设计后面需要配合的有幕墙、景观、室内、泛光照明等设计，我们尽力去争取设计的总包管理权，这样才能对这些配合设计公司进行整体协调。建筑师这时如同一个音乐指挥家，听起来好像很高雅，但实际的操作的情况却特别繁琐和累人。这些配合设计重要的节点会议程先生基本都要出席讨论，然后才能往下落实执行。即便各个设计方达成了共识，但是对造价或者施工周期的影响，还需要我们牵头和建设方沟通。建筑师要想使自己的设计理念能够充分表达，就需要主动去和各方面沟通。其间还有一个故事，当我们做浙江美术馆的时候，业主对建筑设计的认识度不够，他们觉得建筑建造完毕后工程就结束了，对公共空间没有进行设计和布置。后来是我们公司主动出专家费，找了几名建筑师、艺术家和研究展陈设计的人，对美术馆公共空间的氛围营造开了个座谈会，经过这次讨论业主才意识到他们考虑的的确不完善。

程先生对建筑很是热爱和投入，他对项目进行严谨的管理，一方面是他对自己的东西精益求精，另一方面是他对社会的责任感。在"中联筑境"公司，有几个人协助程先生管理、落实项目。而我主要负责文博建筑、大学和综合办公类的项目。程先生对项目的管理，很注重持续的经验积累，在做设计的过程中他会要求我们对同类问题归类整理，结合实施效果总结改进。可以看出，他不仅仅是创意型的建筑师,更是注重实际和细节的建筑师。他在设计的各个阶段都会看图,哪怕是施工图的节点构造也不例外。即使对图面线型的粗细和灰度对比他也经常提出要求,因为他认为虽然不关乎图纸对错,但是这也是设计意识的一种表达。

刘鹏飞(浙江大学博士研究生)

我谈一下自己对程老师的理解。我做了程老师五年多的学生,有两件事让我感触最为深刻。

第一件事至今仍令我震撼,还记得当时是我刚刚入学选导师的时候,我特别想投到程老师门下,如果程老师肯收我,我就是程老师正式带的第一个研究生。因为前面没有同门的学长,所以不知道程老师对学生的要求是怎么样的。因此对面试的准备只是自己的作品集,还有几句履历和不多的建筑知识。等到了程老师面前,程老师翻看着我的作品集,随口问了我一句:"你对文史哲的理解和认识是什么?"这个问题对于建筑系的学生,平时或多或少会有所积累,但却谈不上多深的研究和多全面的认识。当时我一时语塞,不知道说什么,准备的东西也完全用不上,还好平时看的东西很杂,最后还是简单地回答了老师的问题。通过这件事,我认识到程老师对建筑的理解不仅仅从一名建筑师的专业视野出发,由于对文化和哲学的独特认识,因此他有自己独特的创作思路。当时我就认识到:我有太多东西要向老师学习,也一下把我对建筑的热情调动起来了。

另一件震撼到我的事情是,我和老师去日本选择面砖的经历。当时黄龙饭店有一个改扩建的项目,虽然业主请了境外的建筑师来做方案,但是因为境外建筑师对程老师的作品非常认同与尊重,所以他们请程老师来选方案的外立面砖。原来的黄龙饭店的建筑立面采用了黑白灰的基本关系，使用的是日本的面砖。面砖有三种颜色，分别命名为白、次白和灰。建筑学的学生都知道"灰"这个颜色可以有很多变化，可以很暖，也可以很冷，任何一点细微的区别对画面都会产生很大的影响。而且灰与白、次白之间的对比关系也会对整体产生很大影响。在日本的时候，厂商把几百块面砖样板放铺在一起。各种白，次白和灰放在阳光下面，然后请程老师来看。程老师说"这块灰的灰度差不多了，但它的颜色有点暖。"作为一座建筑学的学生来说，我也能感觉到那种暖，但是暖了多少，应该再往冷的调子里偏多少，这个是很难讲出来的。当时那些日本的生产商觉得程老师的要求比曾经和他们合作的知名建筑师例如安藤忠雄、矶崎新都要细腻。他们只能尝试去看能不能做出程老师要求的那种颜色的面砖。

后来我们又去了另外一家生产厂商，他们也是摆出很多面砖，因为不知道怎么给色彩定量和定性，所以双方很难沟通和交流。他们为此专门请来调色的专家通过专业仪器测出颜色与冷暖和灰度有关的三个指标。程老师在看了一些颜色的数据后，开始判断马上要测的面砖的数据，而仪器测出的实际数据与程老师判断的误差非常非常小。接连几次都是如此，这说明程老师对色彩的判断已经达到了匹敌机器的精度了。在场的所有人都很惊讶，最后程老师给出了三种颜色的数据范围，将色彩定量地控制下来。

在跟随程老师的学习过程中，程老师给了我很多震撼与惊喜。老师对色彩、比例的敏锐度和他对建筑理解都远远超过我们的想象。

叶俊（浙江大学博士研究生）

我第一次见到老师是2007年12月份，当时是为了申请老师的博士生。老师给我留下的第一个印象是亲切和善。事实证明这个亲切、和善的印象是具有"欺骗性"的。虽然生活中老师会跟我们开玩笑，但在工作中老师是非常严格的。这个严格主要体现在老师对作品的细节的控制上。老师对作品的要求非常高并且非常细致，我们的方案深度和精度是以10毫米为单位进行控制的；老师在整个设计的过程当中把控很严，几乎是"手把手"教我们设计的。

作为院士和大师的学生，我常常会被问到一个问题，你多久见一次你的老师。我的答案是："天天见"，这代表了老师时刻都有可能会检查我们的设计进度和状况。好处是明显的，因为我们直接对老师负责，省略了中间环节，在巨大的压力和挑战面前，能力获得极大的提升也是可以预见的。我本科五年级下学期开始跟着老师做设计，在自己还比较懵懂的情况下，要去赶上老师对设计的要求和工作节奏，其实是很困难的。跟老师做第一个项目的时候，我曾经连续一个月不休息，并且每天加班到10点之后。证据就是30张每天晚上10点之后的打车票。我的师兄师姐和师弟师妹们也都是这么过来的。

老师做设计往往采用多方案比较的方法，具体说，就是我们一般会给建设方两到三个方案供其选择，这其中还不包括在内部的讨论和与建设方交流的过程中被淘汰的三到五个方案。就拿最终提交的三个方案来说，每一个都是按照我前面提到的设计深度进行设计和制作的。因此，我们项目团队的精力投入是异常惊人的。

袁越（浙江大学博士研究生）

师兄们跟随老师的时间比较长，对老师的了解比较深入，而我跟老师的时间是最短的，所以只能谈谈我对老师的初浅认识。

跟随老师做设计，需要做的第一件事情就是学会去阅读老师的草图。最初的草图可能会是一张透视，抑或是一团"乱线"，但随着方案的推进，我们就会发现老师其实在最初的草图中就包含了对平面、剖面和功能的想法。有一次，我跟着老师做一个超高层酒店的项目，开始时，老师画了一张"折板造型"的草图。后来我在建模推敲的过程中逐渐发现，老师在草图时候就已经考虑到了客房与立面的联系、平面的划分和折板构件的区分。但老师并没有把这些想法一开始就告诉你，而是在推进方案的过程中领着你一步一步地深入，让你思考、让你尝试。最后当他的想法完全呈现在你的面前时，你会豁然开朗，我觉得这是一种很奇妙的过程。

老师的生活异常简单。有一次我们和老师在清明节一起加班，中午我们问老师："老师，要不要我们帮您带饭？"老师说："好啊，多谢你们能想起帮我带饭，要不然我中午就得吃泡面了。"老师对物质条件的要求很低，他只要能够每天都做设计，画草图，就会感到十分幸福。

杨涛（中联筑境建筑设计有限公司员工）

我算是公司的老员工了，不过跟别的员工不同的是，我在这里工作三年后去"北漂"了两年，现在算是重新归队了。我之所以重新回来，除了公司本身对我的吸引力外，很大程度上还是由于院士的人格魅力和他对专业认真负责的态度。虽然他是我们公司的董事长,但他不像一个老板,更像是一个长辈和朋友,虽然他和我们年龄差距比较大,但沟通却没有任何障碍。哪怕我们在他面前亲切地喊他"老大",他也从不生气。除了"老大"之外,他还有很多别的称谓,如"程老师"、"院士",还有"爷爷"。

老大在生活中是个很赶潮流的人。他爱好广泛,别看他年纪大,但他关心的都是流行的东西。比如热播的"中国好声音",他每期都看。还会在闲暇时间跟我们讨论赛事和选手,平安和金池就是他很喜欢的选手。他还很懂足球,以前有个同事很喜欢足球,也对足球有点研究,有次出差跟老大聊起足球,没想到老大比他懂更多,让这位同事吃惊不已。平时老人也会讲很多新闻,比如前两天出差的时候他就在讲禽流感事件。可见他老大是一个对生活很有观察力并且充满热情的一个人。

我参与过他的很多项目,更能看到他在每个项目背后所付出的心血、所遇到的困难,以及他作为建筑师的责任感,当然其中也有很多无奈。比如最近我们正在做的厦门的一个超高层酒店。老大花了将近半年时间带领我们一起设计,进行了很多尝试,最后想主推其中一个方案。但因为规划局当时的规划条件并不清晰,认为主推方案高度超过了他们认为合适的范围,就希望能更换成另一个候选方案。老大耐心地向他们解释,结果尚不可知。会议结束的时候,有人问老大:"程大师您伤心了?"老大说:"这一辈子了,这种事情也见得多了。"伤心之余透着些无奈,却也很淡然。

老大像年轻人一样去不断地尝试失败,我觉得这对我们年轻人来说是一个宝贵的经验。

张朋君（中联筑境建筑设计有限公司员工）

我和院士一起工作七年多，共同做过三四个项目。院士对待建筑和工作的态度深深感染了我，其中有三个地方是我特别欣赏的。

他对于建筑创作的热情和执著，一直是我们学习的榜样。建设方的无理要求、项目的苛刻条件、每天繁重的脑力劳动，这些都不能阻挡院士在建筑创作上前进的脚步。"立足此时、立足此地、立足自己"，这是院士这么多年做事的信条。这一点从他做设计一开始到最后一直延续，也一直作为我们的一个精神支柱。

其次是院士对细节的把握：构件的尺寸，材料的肌理，包括形体交接的处理方式等等，他在方案阶段就会考虑得特别细。这个也是我们现在大部分建筑师所难以达到的。我们建筑界有一句话叫"上帝在细节"。建筑虽然是一个大的东西，但与我们的生活是息息相关的。人的一切公共活动都要依附于建筑，建筑的品质关键就在于对细节的把握。院士对细节的追求近乎苛刻，甚至会精细到厘米、毫米这种尺度。

最后一点是院士作为中国工程院院士在中国建筑设计道路上的不断探索。他一直都在进行中国现代建筑的创作，他的思想和作品为业界很多人所称赞。作为老一代建筑师的院士，直到今天依然活跃在中国建筑创作的第一线，他在建筑界的独到探索，为中国建筑师指引了一条方向。他试图提炼出自己的建筑语言和思想。

院士的精力十分旺盛，记忆力也很强，比如今天他给我们讲了十件事，我们做了九件，有一件漏掉了，他一定会记得；再比如方案有九个地方需要修改，有八个地方改了，就一个地方没改，他也绝对能看得出来。

胡晓明（东南大学博士研究生）

我是程老师在东南大学招收的第一个博士，作为一名年轻的建筑学子，我十分庆幸自己能得遇这样一位好导师。

程老师最让我钦佩的地方就是他的责任感和勇于担当的行动力。如果说程老师50多年来在建筑创作中的坚守是出于一种对民族文化的责任感，那么，在年逾古稀之后回东南大学创立"建筑设计与理论研究中心"，尝试去弥补中国建筑学理论研究领域的不足，则完全体现出了程老师敢于担当、勇于担当的品质。

程老师让我感受最深的第二个方面是他对建筑的热爱。记得程老师在一篇文章中说到，建筑之于他始终有一种神圣乃至神秘的感觉。正是因为对建筑的热爱，在他眼里一切都可以化为建筑相关的元素：他能从青铜器的造型和纹饰中提炼和抽象出现代的建筑意象；他也能从诗词小说的描述中寻找悠远的建筑意境；他还能从绘画、雕塑的现代构成中体会到与建筑艺术之间的"通感"……或许这就是武侠小说中描写出来的那种"无招胜有招"，手中无剑而心中有剑的最高境界。

最让我感动的还是程老师的勤奋精神和谦和的态度。尽管程老师已经步入普通人所认为的"高龄"，但是他永远有一颗年轻的心态。程老师全天候的工作方式被公司同事戏称为"无法无天"——没有劳动法，没有星期天。程老师对自己总是那么严格自律，对待他人又是那么谦逊随和。我们学生有任何问题向程老师请教，他总是十分耐心地逐个解答，丝毫没有一点设计大师和院士的架子。

来嘉隆（东南大学博士研究生）

我是程先生在东南大学的博士研究生，进入先生门下已经两年多了。在和程先生学习的过程中，我看到了程先生身上很多的闪光点，其中有三点给我留下很深的印象。

第一点，程先生特别强调创新。我之前做设计有个特别坏的毛病，就是一拿到设计任务书就开始找各种各样的图集去参考别人的方案。进入先生门下之后，我发现程先生有一个很大的特点就是强调创新、强调突破：先生认为创新是建筑师最核心的素养之一。程先生的作品虽然数量众多，但几乎没有重样的，面对每一个项目都会根据不同的现状的条件和功能要求，选择不同的切入点来进行设计，同时在具体的操作上，先生的手法也是非常多样的。

第二点，程先生特别强调"问题意识"。不论是做设计，还是做研究，程先生都会反复强调要以问题为导向。在做设计上，建筑师或多或少都有一个小毛病，就是比较自我，在做设计的时候往往会根据个人喜好做出一些很自我的判断。而程先生虽然也很强调意境、情景等非理性因素，但在面对一些诸如功能、结构、构造这样的基本问题时，他会非常理性。第三点，程先生特别强调与时俱进。先生在生活中其实是一个非常"潮"的人。记得有一年冬天，我在学校里看见一个头戴礼帽，脚踏雪地靴的"年轻人"迈着轻盈的步伐迎面走来。当时我就觉得这"年轻人"特别有活力。走近一看，原来是程先生。记得有一次和我们聊中国建筑应该如何发展，先生就举了周杰伦的例子。他说周杰伦之所以能够"红"这么久，和方文山为他写词有很大关系。方文山运用流行音乐的文体，表达出了中国文化特有的韵味，这就有了突破，所以才能这么受欢迎。还有一次先生在和我们谈"价值观"问题的时候,他就拿《甄嬛传》去欧美国家放映来举例子。他觉得《甄嬛传》演的是宫斗戏,宣扬的是我们传统文化中与当今时代不符合的东西,是不能代表中国文化的。先生举的例子都深入浅出,符合当代潮流,让我们年轻人很好理解。

程先生接受新鲜事物的能力非常强,对于建筑学领域出现的新技术、新材料、新方法,程先生都会主动去了解,并且很乐意运用到自己的设计中去。

裘昉(浙江大学硕士研究生)

在平时,我除了喊程老师"老大"以外,有时候也喊他"爷爷",当然,这绝对不是说程老师老了,我觉得这是一个超级亲切的称呼,而且带一点"德高望重"的感觉,因为我觉得老大在我的生活中扮演了亦师、亦友、亦家长的三重角色。

作为师长,程老师真正做到了"言传身教",他对专业的执着认真让我很有感触。我加班的时候,他一定在加班;我不加班的时候,他也在加班。有一次我很好奇得问他为什么双休日一直在加班。他说:"工作时间要处理的事情特别多,也有很多人会来找,很多时候没有时间做专业的事情。双休日一般不太有其他杂事,我就可以静下心来做设计、写文章。"外界一直对老大的工作十分好奇,经常有人会问我老大是否还在做设计。我的答案是——他一直在一线做方案。而且他对设计的热情、思维的活跃和精力的投入即便是一般年轻设计师都很难做到。我印象最深的是他一天之内同时对五个不同的方案进行了五六轮不同程度的修改。此外,老师还很谦逊,他依然关注其他设计师的工作,也愿意去学习他们好的东西。比如涛哥

（杨涛）在"舍人"等国外事务所待过，老大就会主动跟他讨论外企在方案设计过程、表达成果和整个工作环境等等方面与我们的不同；他一直觉得我们在后期表现方面有欠缺，但"舍人"在这方面做得比较好。他会客观地评价自己和其他设计师的建筑作品，会发自内心地跟我们赞扬和推荐其他优秀设计师做的好作品。

作为朋友，老大对我们完全没有架子。老大算得上是一个走在时尚最前端的"弄潮儿"，心里特别年轻。他平时不玩电脑不上网，但是他每天一定抽出一个小时去阅读报纸杂志，晚上回家也会看电视新闻，还喜欢看《DISCOVERY》、历史纪录片等，所以他知识面很广泛。除了历史和新闻节目以外，老大还会看一些像《中国好声音》之类的热门娱乐节目。他常跟我们说他很喜欢"平安"。有一次他用电视看"平安"的一场比赛没看够，还特地在电脑上重看了一遍。老大爱音乐，据说读书的时候是玩电吉他的，虽然他说自己玩得不好；他也爱唱歌，以前年会都会献唱两曲邓丽君的歌，他说愿意跟我们一起去唱KTV。老大跟我们说话用的都是最新潮流语言，比如："你们这次方案要HOLD住呀；这个方案很是小清新呀；你这个方案就是'吉克隽逸'——直接晋级……"一开始，我们跟老大说话都特别端正，后来也随老大无拘无束了。老大穿雪地靴，经常换帽子戴。有时候忍不住跟老大说："老大你今天穿得好萌。"老大就会扮个鬼脸说："哎呀我都老了，不萌不萌。"其实我们私下都觉得他是一个爱卖萌的"潮人"。

作为家长，他对我们关爱有加。平时生活中，因为他自己很爱吃零食，所以也经常给我们分零食吃，不过吃的时候他还不忘提醒我要注意身材少吃点，这是很细致的关心，真的跟自己的家长一

银川国际会展中心

样。有时候我会跟老大"打个小报告"说:"老大,我被谁谁谁说是土肥圆了",然后老大就会强忍住笑说:"谁这么坏,怎么可以说你是土肥圆呢,要好好批评。"最让我感动的一件事就是我骨折的那会儿。突然接到一个电话,来电显示是"程老师办公室"。当时很是惊讶,接起来居然真的是老大的声音。他问我:"骨折有没有好点?""有没有好好休息?"等等问题。令我超级感动。我同学都很羡慕我,羡慕我有一个像家长一样关心学生的好老师。老大有时候也会跟我们小八卦一下,问问我们有没有男女朋友什么的。我们也会如实相告,因为心底里,早已把他当作亲人。

这就是在我心里,褪去神圣"光晕"的、真实生活中的"程爷爷"。

陈敬(程泰宁院士秘书组)

有人说,时间是记忆的橡皮。可是,有些记忆,是无论如何也不会被擦去的。

我初识先生,是在他最近一次的低谷阶段——据他回忆,过往的每一次,都是源于迫他离开建筑。而他,是能"做项目"就灿烂的人。

那一年,他六十八岁,不是院士,没有硕士生、博士生,自己的企业刚刚有了雏形——没执照、没资质,他只是一个想继续做设计的大师。

十一年后的今天,他以"主业"建筑师、"副业"学者、"业余客串"企业家的身份活跃在建筑界、学术界和商界。成为年龄与作品量双高的一线设计师、最具批评精神的学者、最不像老板的老板。

由于我不是学建筑的,先生常有对牛弹琴之闷。而我,因为少了一份专业上的崇拜，平日里又多以"琐事"烦扰先生，也常会不知不觉地把他从"大神"的宝座上拉下来。

于是我们之间有了下面的对话。

"我看了他们对您的描写，总觉得和我眼中的您有些距离。"

"哦？"先生笑了，随口问了一句，"你眼中的我是什么样？"

我一下子被问住了。除了最先跑到脑子里的"博学"和"睿智"之外，"执着／超脱、强势／无奈、完美／妥协、激进／低调、喜新／守拙、大气／细节、自我／随和、荣耀／寂寞……"一组组相互对立的词语，手拉着手向我示威。

一千个人眼里，又岂止有一千个哈姆雷特呢。

对一个充满多样个性的先生的印象，又怎么可能用数百个字描写清楚呢。我想，关于先生的故事，应该是另外的篇章了。

尾声

梦想是生命的容器，永远在远处，感动并指引着你。有梦可追，才会有持续的快乐和创造性的人生。

程泰宁就是这样一个追梦的长跑者。青春给了他一生的梦想。为了心中的建筑之梦，为了建筑的中国之梦。历史将见证他画笔不辍、青春不老……